Jean-Louis Maurette • Georges Bernage

LA TRAGÉDIE DE L'U-110

En Espagne avec l'U-30

La prise de l'Enigma

Captivité au Canada

HEIMDAL

Ouvrage réalisé sous la direction de Georges Bernage
Maquette : Guillaume Fiquet
Correction : Christel Lebret

Dépôt légal 3e trimestre 2018

Éditions Heimdal
Damigny
BP 62350
14406 Bayeux Cedex
Tél. : 02.31.51.68.68 – Fax : 02.31.51.68.60
Courriel : adv@editions.heimdal – www.editions-heimdal.fr

SOMMAIRE

Cet ouvrage a été conçu, écrit et réalisé par Georges Bernage et Jean-Louis Maurette.
Georges Bernage a rassemblé les albums, choisi l'iconographie, l'a présentée avec les commentaires et a conçu l'ensemble et suivi sa réalisation. Jean-Louis Maurette a écrit les chapitres concernant l'*U-30* et l'*U-110.*

I • WILLI BROHM TÉMOIN PRIVILÉGIÉ

Comme la plupart d'entre vous, nous avions vu le mauvais film américain intitulé *U-571* [1] montrant une opération organisée par l'*US Navy* pour s'emparer d'un *U-Boot* en détresse afin de récupérer une machine Enigma. Le scénario de ce film, basé sur la prise d'une telle machine sur l'*U-110* est doublement fantaisiste, sinon indécent. En effet, la capture de l'*U-110* et du matériel s'y trouvant n'a été que le fait du hasard de la guerre et la marine qui assura ce succès, exceptionnel, ne fut pas l'*US Navy*... mais la *Royal Navy*!

La capture, inespérée, de l'*U-110* par le HMS *Bulldog* le 9 mai 1941 prit une dimension décisive dans le cours de la guerre avec la découverte, à bord, d'une machine Enigma intacte.

Cette découverte, de par son importance, dut alors rester secrète, et prit le nom de code *Opération Primrose*, restant, pour les sept mois à venir, l'un des plus grands secrets de la Seconde Guerre mondiale ; Winston Churchill n'en informera le Président Franklin D. Roosevelt qu'en janvier 1942 ! Grâce à cette capture, les Britanniques pouvaient décrypter les messages allemands et causer de plus lourdes pertes aux *U-Boote*.

Ce sujet prit, pour nous, une autre dimension, lorsque nous avons découvert, et acquis [2] trois albums photos d'un des 35 sous-mariniers survivants de l'*U-110*. Willi Brohm avait rejoint la *Kriegsmarine* dès 1936 et avait été rapidement incorporé dans la jeune *U-Boot-Waffe*. Originaire, de Lengfeld, une jolie bourgade aux pittoresques maisons à pans de bois, dans la belle région de l'Odenwald, au sud de Francfort, loin de la côte de la Mer du Nord et de la Baltique, il choisit toutefois la carrière maritime pour son engagement. Jeune marin,

Les trois albums de Willi Brohm dont sont extraites la plupart des photos illustrant cet ouvrage, avec deux planches du grand album bleu frappé de l'emblème de la Kriegsmarine. L'album de taille intermédiaire, avec la mention *« Mes souvenirs de guerre »*, contient les photos concernant la captivité au Canada. Le petit, non légendé, présente principalement des photos de son tour du monde précédant son entrée dans l'arme sous-marine. © Heimdal

La première planche évoque son engagement, en 1936, au sein du 2e Bataillon d'instruction de la marine à Cuxhaven. © Heimdal

ce sont les classes avec tout d'abord le drill du fantassin, le perfectionnement sur l'île de Sylt – maintenant presqu'île – la formation au sein de la *Schiffsstamm-Abteilung*. Nous le retrouverons grâce à ses trois albums photographiques, remarquablement classés et, surtout légendés, sans cela les albums auraient été quasi inutilisables pour une publication historique. Le premier d'entre eux, bleu en grand format, nous permet de suivre Willi Brohm depuis son incorporation jusqu'à la fin tragique de l'*U-110*. Son deuxième album présente un sujet très peu connu, la captivité au Canada. Enfin, un troisième album, non légendé, évoque la période marine de surface de Willi Brohm, avec son tour du monde. Ce sous-marinier, de toute évidence, n'a pas réalisé lui-même les photos qu'il présente dans ces trois albums mais, avec beaucoup d'intelligence, il a rassemblé des photos qu'il a acquises au fil de ses missions, en temps de paix, en temps de guerre, mais aussi durant sa captivité. Photos acquises auprès de camarades talentueux – et les Allemands disposaient d'appareils photographiques de grande qualité – mais aussi de photographes officiels, photos revendues dans les foyers de la marine. La présentation de ces photos est parfaitement thématique et chronologique, avec de bons commentaires, parfois empreints d'humour ou d'émotion – pour l'évocation de son capitaine et de ses camarades disparus au fond de l'Atlantique Nord.

Mais avant tout, ces excellents reportages sont exceptionnels pour l'Histoire car Willi Brohm a fait partie des tout premiers équipages de l'*U-30*, dont une page très peu connue de l'*U-Boot-Waffe*, la Guerre d'Espagne. Et, bientôt Fritz Julius Lemp prend le commandement de

(1) Voir la présentation qui en avait été faite dans le n° 8 de *Submarine* d'octobre 2015.

(2) Lors d'une vente *Hermann Historica*.

ce sous-marin qui entre malencontreusement dans l'Histoire… en coulant par erreur l'*Athenia*! Mais, avec l'*U-30*, Fritz Julius Lemp connaîtra, après ce premier faux pas, de nombreux succès. Tout cela nous est présenté à travers les nombreux reportages. Puis c'est le transfert sur l'*U-110* avec la capture, précieuse pour les Alliés du sous-marin. Mais l'histoire ne s'arrête pas là et un album entier présente la captivité au Canada des prisonniers allemands, dont les 35 survivants de l'*U-110*, arrivés dans l'Ontario dès 1941. Ce sujet, très peu connu en Europe, suscite toutefois beaucoup d'intérêt au Canada où ces camps de prisonniers sont un témoignage de la Seconde Guerre mondiale, outre-Atlantique.

Ce qui est remarquable, c'est le caractère exceptionnel de ces documents, classés par Willi Brohm et parvenus jusqu'à nous après son décès. Sans ce témoignage photographique, cet ouvrage se serait réduit à une trentaine de pages. Ainsi, l'un des 35 survivants a laissé un témoignage pour l'Histoire. Nous allons ainsi

Ces trois photos, ci-contre à droite, montrent Willi Brohm, jeune recrue, lors de son engagement, puis simple marin lors de ses classes et à l'issue de celles-ci. Le grand portrait ci-dessous a été pris alors qu'il vient de recevoir la Croix de fer de IIe classe, à *Rotelerfeld* (voir plus loin). Il est devenu un sous-marinier confirmé, qui va rencontrer son destin, puis la captivité, quelques mois plus tard, le 9 mai 1941, avec la fin de l'*U-110*. © Heimdal

Bachi (*Teller* en allemand, ce qui signifie « assiette ») de la flottille sous-marine Weddingen *(Unterseebootsflottille Weddingen)* dont fera partie Willi Brohm, pendant une courte période sur l'*U-30*. Cette coiffure est ici en version d'été, avec coiffe blanche, cocarde et emblème en métal. © Hermann Historica

Willi Brohm montre, par ces photos, qu'il est fier de son temps d'instruction qui fera de lui un soldat et un marin de la nouvelle Allemagne. Sur cette planche de son album, il nous présente les cadres de sa compagnie d'instruction. Ci-dessus à droite, debout sur les marches, son instructeur le plus direct, *« Der Koperal »*. © Heimdal

Et ce sont aussi ses officiers pour lesquels il semble, ici, témoigner respect et admiration et, tout d'abord, son commandant de compagnie *(Kompaniechef)*, ci-dessus à gauche, le *Kapitänleutnant (Kaplnt.)* Kähler et, à droite, son chef de section *(Zugführer)*, le *Leutnant zur See* Reuter. Nous noterons que ces marins, dans le service à terre, portent une tenue proche de celles de leurs homologues du *Heer*, dans un tissu cependant un peu plus vert que le *feldgrau*. © Heimdal

Une autre planche de son album nous montre le service d'instruction sur le terrain *(im Gelände)*, ici à diverses saisons, dont sous la neige, probablement lors de l'hiver 1936-1937. C'est tout d'abord une prise d'armes dans la cour d'une caserne. Nous voyons d'abord l'une d'elles, la *Kioutschou-Kaserne* (en fait Kiautschou, qui est un secteur de l'enclave allemande de Tsing-Tao — célèbre pour sa bière, d'origine allemande — en Chine, et l'engagement de navires dans ce secteur, lors de la guerre des Boxers), elle aussi sous la neige, puis les recrues courant au rapport sous les ordres de leurs instructeurs. La dernière photo montre que l'instruction de base pour les marins est tout d'abord celle des fantassins. Qui pourrait penser qu'il s'agit là de futurs marins ?... © Heimdal

Cette nouvelle planche nous montre Willi Brohm lors de sa première sortie (*erster Ausgang*) et de sa première permission (*erster Urlaub*), la récompense d'une dure instruction. © Heimdal

Lors de la première sortie, les jeunes recrues ont laissé leurs tenues de fantassins pour endosser leurs uniformes de marin. Ils sont là, ensemble, avec un verre de bière à la main, autour d'une femme, probablement la propriétaire de l'établissement où ils se sont retrouvés pour un *Kameradschaftsabend* — « soirée de camaraderie » — de telles soirées soudent l'esprit de groupe, très fort dans l'armée allemande. Cette camaraderie soudera durablement les hommes quand ils seront sous le feu. © Heimdal

Nous voyons maintenant Willi Brohm en permission — *im Urlaub* — dans sa famille à Lengfeld, dans l'Odenwald. La maison familiale est un bel édifice en pan de bois, typique de cette région, et il pose fièrement en uniforme, de toute évidence avec son père, puis sa mère. © Heimdal

Nous voyons, ci-contre, le bonnet bleu de marin de la Kriegsmarine appelé *blaue Tellermütze*, le « bonnet assiette bleu » par les marins allemands. Il porte l'inscription tissée or « *Kriegsmarine* ». © Hermann Historica
Et nous retrouvons la veste de sortie (*Jacke*) des marins, comme celle que nous voyons portée sur les photos ci-contre par Willi Brohm. Celle-ci porte à l'intérieur la date de 1939. © Hermann Historica

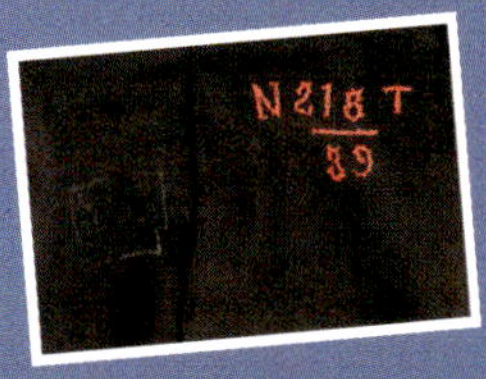

Bonnet de police *(Schiffchen)* pour hommes de troupe et sous-officiers en tissu feldgrau pour le service à terre, et pour l'artillerie côtière de la marine. Celui-ci porte à l'intérieur l'étiquette *Balke/Bremen* et la date de 1941. Insigne tissé jaune sur fond vert foncé. © Hermann Historica

Casquette *(Schirmmütze)* d'officier marinier du modèle standard avec aigle métallique. Au cours de la guerre, les officiers mariniers auront tendance à remplacer l'aigle métallique par un modèle en tissu brodé. Coll. privée – Memorabilia.

Weisse Bordmütze portée par la troupe avec la tenue de travail blanche. Coll. P.-M. Rousseau-Memorabilia

Calot blanc avec attributs sur fond bleu. Coll. privée - Memorabilia

Cette planche nous montre le transfert par bateau, vers la presqu'île de Sylt. La photo ci-dessus nous montre les ports desservis : Hamburg, Cuxhaven, Helgoland, Sylt. © Heimdal

Arrivés à destination, les jeunes marins ont mis les fusils en faisceaux puis ils marquent une pause dans les dunes après l'instruction. © Heimdal

La planche suivante nous montre aussi les chefs respectés, ici le « *Kommandeur* ».

Puis le « Chef », qui commande de toute évidence leur compagnie d'instruction.

Et maintenant, un personnage redouté, ici au regard sévère, le *Spiess*, l'adjudant de compagnie.

La photo ci-contre à droite nous montre les casernements en brique au milieu des dunes de Sylt.
© Heimdal

Sur cette huitième planche de son album, nous le retrouvons à l'île de Sylt, avec huit photos. Ci-contre : un aspect de l'île avec ses côtes sableuses s'étirant tout au nord-ouest du Schleswig-Holstein. © Heimdal

Les unités sont impeccablement alignées sur la place d'armes de la caserne pour le *Skagerrakfeier* – la fête (de la bataille) du Skagerrak, en ce 16 août 1936. Tous les ans, le 16 août, la *Kriegsmarine* fêtait le souvenir de cette grande bataille navale qu'Anglais et Français appellent la « Bataille du Jutland ». © Heimdal

Sur les deux photos ci-dessus à droite, nous voyons Willi Brohm en tenue de sortie, devant la porte de son bâtiment — *klar zum Start* — prêt à partir en quartier libre, probablement pour un dimanche (*ein Sontag*). Nous voyons aussi le phare de l'île de Sylt avec deux marins. La photo ci-dessous nous montre à nouveau Willi Brohm, avec un camarade, jouant de l'accordéon. Nous les retrouverons ce dimanche sur la plage (voir planche) mais aussi des baigneurs (*Badegäste*) qui ont réalisé un « château de sable bien original » avec l'inscription « la fidélité au Führer » (*Dem Führer die Treue*)... © Heimdal

Cette planche nous montre le lancement du croiseur lourd *Admiral Hipper*, le 6 février 1939, au chantier Howaldwerke a Hambourg. On remarque son étrave verticale qui sera transformée en « proue atlantique », fin 1939 - début 1940. Il évoque la mémoire de l'*Admiral* Hipper (1863-1932), commandant des croiseurs de bataille allemands durant la bataille du Jutland (appelée Skagerrak par les Allemands) en 1916. © Heimdal

Autorités de la Kriegsmarine et du parti passent en revue les marins présentant les armes. Willi Brohm doit être parmi eux, d'où ces photos. © Heimdal

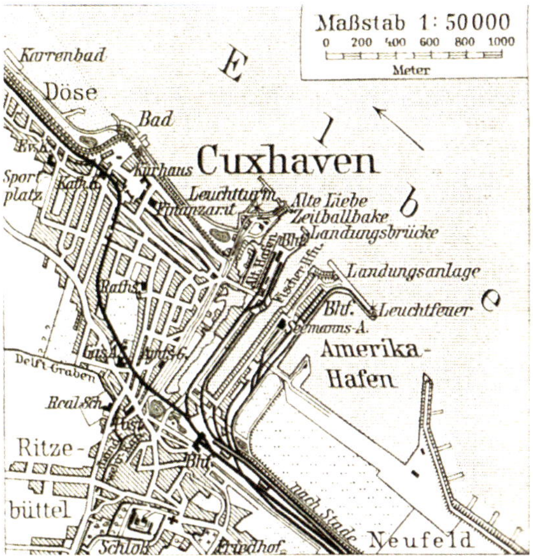

Défilé de membres de la *2. Minensuch-Flottille* (constituée en 1936) à Cuxhaven, depuis le quai de l'Amérique jusqu'au centre-ville. Willi Brohm doit faire partie de cette unité, avant de rejoindre la nouvelle arme sous-marine. © Heimdal

1

En souvenir de ses affectations et formations, Willi Brohm a rassemblé les cartes postales que nous retrouvons dans ses albums, des souvenirs pour tous les marins de la Kriegsmarine ! Et tout d'abord (1) l'hôtel de ville de Wilhelmshaven, « ville de la marine », et dans le cimetière militaire de cette cité, le monument commémoratif avec le mat du Lützow (2). Le monument commémoratif de la marine à Laboe (3) est tou-

2

jours un haut lieu du souvenir. À Kiel, se dresse alors l'école de la marine (4) mais aussi le « Monument des sous-marins » *(U-Boots-Denkmal)* sur le bastion Adolf-Hitler (5). Enfin, à Flensburg Mürvik, près de Kiel et de la frontière danoise, se dresse l'imposant complexe, édifié en style gothique hanséatique, de l'école de la marine. © Heimdal

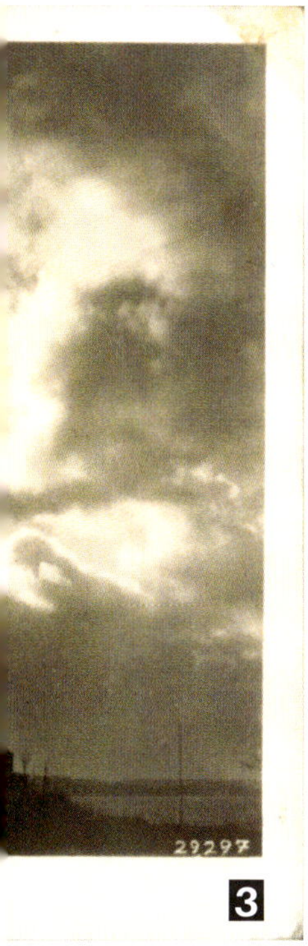

Ici, l'*U-30* vient relâcher au port d'Emden, le plus à l'ouest des ports allemands de la mer du Nord, face à la frontière hollandaise. © Heimdal

Ces photos nous montrent la « petite mascotte » — *Maskottchen* — peinte sur le kiosque du sous-marin que nous voyons ici à quai à Emden avec son canon de pont de 8,8 cm L/45. L'équipage est aligné pour la parade (ci-contre). La dernière photo (ci-dessus) nous montre le départ du port d'Emden - *Auf Wiedersehen Emden*. © Heimdal

Parmi ces ports, celui de Kiel, c

Cette planche nous présente au moins sept *U-Boote* de la *2.U-Flottille Saltzwedel,* dont le *U-30* (sur la photo page ci-contre en haut à droite), mais aussi les *U-27, U-28, U-29, U-31, U-33* et *U-35*, à quai dans « des ports allemands », avec leurs navires d'accompagnement. © Heimdal

Cette *2.U-Flottille* a été constituée à Wilhelmshaven, sont port d'attache, le 1er septembre 1936, sous le commandement du *Fregattenkapitän* Werner Scheer, le *Korvettenkapitän* Hans Ibbekern lui succédant le 12 juillet 1937. © Heimdal

© Heimdal

Les U-28, U-29, U-30 et U-33 de la *2.U-Flottille* à quai à Wilhelmshaven.

Bel alignement de *U-Boote* issu du petit album de Willi Brohm. Les *U-28, U-29, U-30, U-31, U-33, U-34, U-35* et *U-36*, tous du type VII.A. © Heimdal

33
30
36

Ces quelques photos nous présentent trois *U-Boote* de *1.U-Flottille Weddigen*. Cette flottille a été constituée le vendredi 25 septembre 1935, en prenant le nom d'Otto Weddigen, célèbre commandant d'*U-Boote* de la Grande Guerre. Son premier chef fut le *Fregattenkapitän* Karl Dönitz, le *Kapitän zur See* Loyke lui succédant en janvier 1936. Elle rassembla alors 6 *U-Booten (U-7, U-8, U-9, U-10, U-11* et *U-12)*.

Sur la photo de bas de page, nous reconnaissons l'*U-9* et l'*U-12*, le numéro de l'*U-Boot* de gauche n'est pas visible. Sur la photo ci-ci-contre, nous voyons la première croisière maritime du chien Schnurze et, sur la photo de la page de gauche, un exercice avec la pièce de pont de 8,8 cm. © Heimdal

II • LA GUERRE D'ESPAGNE

L'Europe des années 30 panse encore les plaies consécutives à la Grande Guerre que déjà de sombres nuages s'accumulent au-dessus des anciens belligérants. Les vieilles démocraties doivent faire face à des régimes totalitaires et sont confrontées à des mouvements politiques déstabilisateurs. Benito Mussolini, fondateur du fascisme, dirige l'Italie d'une main de fer depuis 1926 et la promulgation des lois fascistes. Et le Duce a fait un émule de taille en Allemagne en la personne d'Adolf Hitler, chancelier depuis le 30 janvier 1933. Plus à l'Est, la jeune Union soviétique n'est pas en reste avec à sa tête Joseph Staline. Ces trois chefs d'État implacables ont des ambitions expansionnistes. Vers le Sud au-delà de la Méditerranée pour l'Italien, vers l'Est pour l'Allemand et dans le monde entier pour le Géorgien qui, même si discret à ce sujet, caresse l'idée d'exporter dans le futur la révolution prolétarienne. De grands programmes d'armement sont lancés, des oppositions diplomatiques naissent, des alliances singulières se nouent. De futurs affrontements se profilent à l'horizon... Mais le premier conflit important éclate brusquement là où on ne s'y attendait

Cette grande photo montre l'équipage de l'*U-30* prêt à partir pour l'Espagne en 1937, un document exceptionnel. © Heimdal

pas ! Le 17 juillet 1936, une guerre civile éclate en Espagne où l'on voit s'affronter les républicains du *Frente Popular* et les Nationalistes dirigés par le général Francisco Franco. L'Italie fasciste se positionne immédiatement du côté des nationalistes et leur apporte rapidement une aide militaire. Les Allemands, qui ne croient guère au départ dans les chances de succès du mouvement nationaliste, attendent quelques jours avant d'afficher ouvertement leur choix. En août est signé un pacte de non-intervention engageant l'Allemagne, la France, la Grande-Bretagne, l'Italie, le Portugal et l'URSS à ne pas livrer de matériel militaire et engager des troupes au profit des belligérants. Mais son application est impossible face à la duplicité des nazis et des fascistes qui jouent un double jeu et arment en sous-main les nationalistes. En septembre, les Soviétiques dénoncent la situation qui est un secret de polichinelle et s'impliquent dans le conflit ibérique en livrant massivement aux républicains des armes de tous types, avions et chars compris, sans compter des centaines de « conseillers ».

Le 1er novembre à Milan, le Duce[1] proclame la création d'un axe Rome-Berlin. Cette entente germano-italienne devient réellement effective le 25 novembre lors de l'adhésion de l'Italie au Pacte anti-Komintern mis en place par l'Allemagne et le Japon. Les trois états totalitaires forment alors l'Axe Berlin-Rome-Tokyo. De son côté, l'Espagne s'enfonce de plus en plus dans une guerre civile où les intervenants extérieurs sont de plus en plus impliqués. Le IIIe Reich est engagé aux côtés des Italiens et des Portugais pour aider les nationalistes du Caudillo[2] alors que la France, la Grande-Bretagne et l'URSS soutiennent les Républicains. Au début des hostilités, les forces terrestres nationalistes et républicaines sont équilibrées avec, de chaque côté, un nombre de soldats équivalent. Les premiers ont l'avantage d'avoir quelques unités d'élite bien équipées, commandées par des officiers d'expérience car ayant participé aux conflits coloniaux, les seconds possèdent la majeure partie des forces navales et sont en mesure d'imposer un blocus maritime, ou tout au moins gêner sérieusement les approvisionnements des troupes du Caudillo dans les ports qu'elles contrôlent. Le président du Portugal, António de Oliveira Salazar, viscéralement anticommuniste et signataire d'un pacte de non-intervention avec la France et la Grande-Bretagne, apporte néanmoins une aide aux franquistes en laissant transiter sur le territoire portugais l'armement que fournit l'Allemagne et l'Italie. Il autorise aussi les volontaires à rejoindre les insurgés de Franco. La frontière portugaise avec l'Espagne est donc ouverte aux nationalistes espagnols qui peuvent s'approvisionner par cette voie. La guerre civile se joue à présent sur terre, dans les airs et sur mer, et tous les acteurs y ont un intérêt politique et bien souvent financier. L'idéologie joue un rôle de premier plan côté soviétique avec la volonté de propager une idéologie et soutenir les communistes espagnols. Néanmoins, l'aspect économique est loin d'être occulté car leur appui se paie au prix fort avec la main mise sur une partie de l'or de la banque centrale d'Espagne. Initialement, l'aide soviétique est désintéressée mais, au final, les Républicains doivent payer. Marx doit se retourner dans sa tombe… Le Duce quant à lui se sert du conflit pour asseoir son statut à l'international et tenter de faire de la Méditerranée sa fameuse Mare Nostrum. Là aussi, l'industrie italienne y trouve son compte car le matériel fourni ne l'est pas gratuitement. Les Allemands sont intéressés par cette aventure militaire qui permet de lutter contre le communisme, tester en situation les nouveaux matériels en service dans les trois armes et les tactiques associées. Mais le côté économique n'est pas oublié avec le contrôle du secteur minier, notamment l'extraction de la wolframite, minerai de tungstène qui entre dans la fabrication d'aciers spéciaux destinés en particulier à la production d'armement. D'autres minerais d'importance stratégique sont également visés. Le *Führer* souhaite tisser avec l'Espagne des liens économiques privilégiés et, se projetant vers un futur proche, voit là une porte ouverte sur une source d'approvisionnements possible en cas de conflit de grande ampleur en Europe. La France et la Grande-Bretagne, ne souhaitant pas heurter Hitler de front, mènent une politique de non-intervention officielle et préfèrent aider discrètement les Républicains. Parallèlement affluent des volontaires du monde entier. Ils vont former les fameuses Brigades internationales, unités disparates regroupant anarchistes, communistes, marxistes de tous poils, socialistes mais aussi des antifascistes sans appartenance à des mouvements politiques.

Les nationalistes sont en état d'infériorité manifeste sur mer. Ils possèdent au début de la guerre le cuirassé *Espana* (ex *Alfonso XIII*) ; deux croiseurs lourds du même type, le *Baléares* et le *Canarias* ; le croiseur léger *Imirante Cervera* ; le destroyer *Velasco* ; et une quinzaine de petits navires comprenant des canonnières, des mouilleurs de mines, des patrouilleurs et des torpilleurs. La marine républicaine est mieux lotie avec le cuirassé *Jaime I*, sistership de l'*Espana* franquiste ; les trois croiseurs légers *Libertad* (ex-Principe Alfonso), *Miguel de Cervantes* et *Mendez Nunez* ; quinze destroyers avec les *Alcala Galiano, Alsedo, Almirante Antequera, Almirante Ciscar, Almirante Escano, Almirante Ferrandiz, Almirante Gravina, Almirante*

(1) *Duce* : mot italien signifiant guide. Benito Mussolini était surnommé *Duce*.

(2) *Caudillo* : Ce terme de *Caudillo* (signifiant chef de guerre au Moyen Âge espagnol) est employé pour désigner le général Francisco Franco en Espagne à partir de 1923 et le sera jusqu'à sa mort le 20 novembre 1975.

Lancement du sous-marin espagnol *Isaac Pearl C1*. DR

Jorge Juan, *Almirante Miranda*, *Almirante Valdes*, *Almirante Ulloa*, *Sanchez Barcaiztegui*, *Churruca*, *Jose Luis Diez*, *Juan Lazaga* et *Lepanto*; une douzaine de bateaux légers comprenant des canonnières, des patrouilleurs et des torpilleurs. Mais les républicains possèdent un atout majeur car leur flotte comprend aussi douze sous-marins de conception hollandaise avec les *B1*, *B2*, *B3*, *B4*, *B5*, *B6*, *Isaac Peral C1*, *C2*, *C3*, *C4*, *C5* et *C6*. Mais cette disproportion des forces cache quelques grosses lacunes, en particulier les marins qui sont plus efficaces côté franquiste car disciplinés, d'autant que leurs officiers sont meilleurs que leurs homologues républicains qui ont pour beaucoup accédé à des commandements à la suite du renvoi ou de l'élimination physique pure et simple de leurs supérieurs. Comme lors de la révolution russe, des comités de marins républicains se sont formés et ont écarté les officiers supérieurs considérés comme politiquement peu fiables, leurs convictions étant jugées comme par trop conservatrices. De fait, les meilleurs ont été débarqués ou exécutés. Cette carence de l'encadrement des républicains jouera beaucoup par la suite dans le déroulement des opérations navales. De plus, la marine nationaliste va se renforcer au cours de la guerre avec la mise en service de six bâtiments achetés à l'Italie. Ainsi quatre destroyers de la *Regia Marina* rejoindront la flotte du Caudillo et recevront un nom espagnol : le *Ceuta* (ex *Falco*), l'*Huesca* (ex *Alessandro Poerio*), le *Melilla* (ex *Aquila*) et le *Teruel* (ex *Guglielmo Pepe*). Il s'agira de navires vétustes mais accompagnés de deux submersibles modernes : le *Général Mola* (ex *Archimede*) et le *Général Sanjurjo* (ex *Torricelli*)[3].

Le sous-marin républicain *C3*. Idem en page de droite. Archives J.-L. Maurette

Au commencement des événements, la marine républicaine tente de mettre en place un blocus maritime afin d'empêcher l'arrivée de troupes franquistes d'Afrique du Nord et l'approvisionnement en matériel. L'*Admiral* Wilhelm Canaris, chef de l'*Abwehr*[4] depuis le 1er janvier 1935, connaît bien le général *Franco*. L'*Admiral* Canaris, qui parle espagnol couramment, est favorable à une intervention armée allemande. Au cours d'une rencontre avec Mussolini, il prend conscience de la détermination des Italiens à appuyer militairement les nationalistes espagnols. Mettant en avant la lutte contre le communisme en Europe, il encourage alors Hitler à soutenir résolument le *Caudillo*. Il évoque plusieurs scénarios, dont l'envoi d'*U-Boote* afin de briser la flotte républicaine. Mais les membres de l'état-major allemand incitent le *Führer* à modérer ses ardeurs interventionnistes. Néanmoins, l'idée d'une utilisation limitée des sous-marins est dans les cartons… En premier lieu, ce sont les bâtiments de surface qui interviennent *in situ* car la *Kriegsmarine* doit assurer la protection des navires de commerce allemands assurant les opérations de transport maritime. Elle est impliquée également dans l'action internationale aux côtés des pays signataires du pacte de non-intervention. Ce petit mais puissant groupe naval, placé sous le commandement du *Konteradmiral* Hermann Boehme, est baptisé *Aufklärungs-Streitkräfte*, ou Force de reconnaissance. Cette situation, pour le moins ubuesque et empreinte d'une rare hypocrisie, touche la totalité des pays partie prenante dans la gestion de la crise espagnole car tous ont connaissance des politiques menées par leurs voisins. Cependant, il est nécessaire pour les intervenants d'œuvrer avec une certaine discrétion, même s'il suffit de lever le nez pour voir les Fiat, Messerschmitt et Polikarpov accomplir leurs mortels ballets dans l'azur. La *Kriegsmarine* ne se contente pas d'une présence officielle à la mer via quelques navires, elle fournit aussi plus discrètement au *Caudillo* nombre d'instructeurs afin de former ses marins. Et en coulisse, l'état-major allemand organise une opération bien plus offensive avec l'envoi de sous-marins destinés à engager directement la marine militaire républicaine et les bâtiments de commerce « rouges », à l'instar de la *Regia Marina* qui a déjà dépêché clandestinement deux submersibles dans la zone des combats. Le maître d'œuvre pour le Reich de cette aventure militaire clandestine est le *Kapitän zur See* Karl Dönitz, alors *Führer der Unterseeboote*[5]. Il est lui-même ancien sous-marinier, ayant servi sur l'*U-39* et commandé les *UC-25* et *UB-68* pendant la Première Guerre mondiale. Nom de code de l'opération : *Unternehmen Ursula*, d'après le prénom de la fille du *FdU*. Le secret absolu est de rigueur car si l'affaire apparaissait au grand jour, ce serait une catastrophe diplomatique assurée. Le *KAdm* Boehme participe aussi activement à la planification de l'opération Ursula car il est impératif que tous les aspects liés à l'opérationnel soient évoqués et traités afin d'éviter le moindre incident. Officiellement, les seuls sous-marins opérant dans la zone de conflit appartiennent à la marine républicaine. Il est donc nécessaire d'informer et d'associer étroitement les alliés italiens dont les submersibles patrouillent déjà dans différents secteurs. La collaboration doit être sans faille entre la *Regia Marina* et la *U-Bootwaffe*[6] car une méprise aurait sans nul doute des conséquences dramatiques.

Malgré un effort de réarmement important depuis qu'un terme a été imposé de force au diktat du traité de Versailles par le nouveau maître du Reich, la *Kriegsmarine*, en cet automne 1936, est loin d'atteindre la puissance nécessaire pour appuyer pleinement la politique du *Führer*. La *U-Bootwaffe*, au 1er novembre, aligne 24 Type II (6 IIA et 18 IIB), 2 Type IA et 5 Type VIIA. Ils seront rejoints, à partir de décembre, par 2 autres Type VIIA.

Les *U-Boote* du Type II, destinés aux missions côtières, sont surnommés par les équipages *Einbaum*[7], à cause de leur petite taille et leur tendance au roulis. Leurs caractéristiques sont les suivantes (version B entre parenthèses) : longueur totale 40,90 m (42,70 m), largeur 4,08 m, hauteur 8,60 m et tirant d'eau 3,83 m (3,90 m). Sa coque épaisse de 4 m de diamètre lui permet de naviguer à une profondeur opérationnelle de -80 m et d'atteindre celle maximale de -150 m. Le temps de plongée est de 45 secondes (35 secondes) à l'arrêt mais descend à 25 secondes en navigation. Le déplacement en surface est de 253,8 t (279 t)

(3) Les deux sous-marins italiens seront transférés en avril 1937 à la marine nationaliste et remplacés plus tard dans la Regia Marina par deux autres bâtiments portant les mêmes noms. Ces nouveaux Archimede et Torricelli seront lancés le 5 mars 1939 et mis respectivement en service le 18 avril et le 7 mai de la même année.

(4) Abwehr : Service de renseignement allemand

(5) *FdU* (*Führer der Unterseeboote*) : Commandant en Chef des *U-Boote*. Poste occupé par Karl Dönitz jusqu'à la mi-octobre 1939.

(6) *U-Bootwaffe* : l'arme sous-marine allemande.

(7) *Einbaum* : pirogue.

L'*U-25*. © Heimdal

La baignoire de l'*U-33* navigant en surface. © Heimdal

pour 303,4 t (328 t) en plongée, avec une réserve de flottabilité de 49 t (50 t). La motorisation est assurée par deux moteurs diesels 2 MWM 6 cylindres à quatre temps RS 127 S sans suralimentation développant chacun 350 ch et deux moteurs électriques SSW Doppelkollektormaschinen PG VV 322/36 développant chacun 205 ch (160 ch). Deux hélices de 0,85 m de diamètre assurent une vitesse maximale de 13 nœuds en surface et de 6,9 nœuds (7 nœuds) en immersion. L'autonomie en navigation de surface est de 1050 milles à 12 nœuds (1800 milles), 1600 milles (3100 milles) à 8 nœuds. En plongée, l'autonomie est de 35 milles à 4 nœuds (43 milles à 4 nœuds – 71 milles à 2 nœuds). La capacité en carburant est de 11,61 tonnes (21,05 tonnes) de gasoil. L'armement principal est constitué de 3 tubes lance-torpilles de 53,3 cm à l'avant avec 5 torpilles embarquées, 3 dans les tubes et 2 de réserve dans le compartiment avant. Les *Einbaum* peuvent également embarquer 12 mines TMA ou 18 TMB à la place des torpilles. L'artillerie est constituée d'un canon automatique de 2 cm C/30 approvisionné à 1200 coups. L'équipage se compose de 25 hommes, dont 3 officiers.

Les deux submersibles du Type IA sont plus imposants avec une longueur totale de 72,39 m pour une largeur de 6,21 m et un tirant d'eau de 4,30 m. Ils sont destinés aux patrouilles hauturières mais n'auront pas de descendance car une nouvelle classe océanique, le Type IX, est en construction. La coque épaisse de 4,28 m diamètre de l'effilé Type IA accueille 43 hommes dont 4 officiers et permet au sous-marin d'évoluer en plongée à la profondeur opérationnelle de -150 m avec la possibilité de descendre jusqu'à -200 m. Quand il stationne en surface, il lui faut 55 secondes pour plonger, temps assez long. Le chiffre tombe à 30 secondes quand il fait route, ce qui est là excellent. Le déplacement en surface est de 862 t et de 983 t en plongée, avec une réserve de flottabilité de 120 t. Deux hélices de 1,65 m de diamètre le propulsent en surface à la vitesse maximale de 18,6 nœuds et en immersion à 8,3 nœuds. Elles sont animées par deux gros moteurs diesels 8 cylindres MAN 4 temps sans suralimentation M 8 V 40/46 développant chacun 1450 ch et deux moteurs BBC électriques GG 720/8 développant chacun 500 ch. En navigation de surface avec les moteurs diesels, l'autonomie est de 3300 milles à 17 nœuds et 6700 milles à 12 nœuds. Elle passe à 8100 milles en utilisant les moteurs diesels associés à la motorisation électrique. En plongée, l'autonomie est de 78 milles à 4 nœuds et 136 milles à 2 nœuds. La capacité de carburant maximale est de 96 tonnes de gasoil. L'armement principal comprend 6 tubes lance-torpilles de 53,3 cm, quatre à l'avant et deux à l'arrière, et 14 torpilles embarquées. Ces dernières peuvent céder la place à 28 mines TMA ou 42 TMB. L'armement secondaire est constitué d'un canon sur le pont avant de 10,5 cm Sk L/45 approvisionné à 150 coups et d'un canon automatique de 2 cm C/30 approvisionné à 2000 coups placé sur la plateforme derrière la baignoire.

La dernière classe, Type VII dans la terminologie allemande, est la plus aboutie techniquement. D'une longueur totale de 64,51 m pour une largeur de 5,85 m, une hauteur de 9,5 m et un tirant d'eau de 4,37 m, le Type VIIA possède une coque épaisse d'un diamètre de 4,70 m qui lui permet de naviguer à une profondeur opérationnelle de -100 m et maximale de -220 m. Il lui faut 30 secondes en navigation pour plonger et disparaître complètement sous les flots. Le déplacement en surface est de 626 t pour 745 t en plongée, avec une réserve de flottabilité de 119 t. La motorisation est assurée par deux moteurs diesels 6 cylindres MAN 4 temps suralimentés M 6 V40/46 développant chacun 1155 ch et deux moteurs BBC électriques GG 720/8 développant chacun 375 ch. Deux hélices de 1,23 m de diamètre procurent une vitesse maximale en surface de 17 nœuds et de 8 nœuds en immersion. L'autonomie en navigation de surface est de 2900 milles à 16 nœuds, 6200 milles à 10 nœuds. En plongée, l'autonomie est de 94 milles à 4 nœuds. La capacité de carburant est de 67 tonnes de gasoil. L'armement principal comprend 5 tubes lance-torpilles de 53,3 cm, quatre à l'avant et un à l'arrière, et 11 torpilles embarquées. Des mines peuvent également être embarquées à la place des torpilles avec 22 TMA ou 33 TMB. L'armement secondaire est constitué d'un canon de pont avant de 8,8 cm L/45 approvisionné à 250 coups et d'un canon automatique de 2 cm approvisionné à 1195 coups placé sur la plateforme prolongeant la baignoire. L'équipage va de 44 à 48 hommes, dont 4 officiers.

Il s'avère que cette dernière classe est la plus adaptée pour opérer en Espagne. Mais la

L'*U-33*. © Heimdal

L'*U-26*. © Heimdal

Cette photo nous montre le kiosque de l'*U-30*, « avec Lotse ». On remarquera la bouée portant mention *U-30. U-Flottille Saltzwedel*, ce sous-marin étant alors rattaché à cette flottille. © Heimdal

U-Bootwaffe, fin novembre 1936, ne possède que 6 Type VIIA qui sont affectés à la *2.U-Flottille* commandée par le *Fregattenkapitän* Werner Scheer qui a navigué en 14-18 comme officier de quart sur l'*U-30* et l'*UB-85*. Cette unité, créée le 1er septembre, basée dans un premier temps à Kiel, est en train de se constituer à présent à Wilhelmshaven et doit être prête en décembre. Elle porte aussi le nom de *U-Bootsflottille Saltzwedel*, en hommage à l'*Oberleutnant zur See* Reinhold Saltzwedel, l'un des plus grands commandants de sous-marins allemands de la Première Guerre mondiale avec 111 navires alliés envoyés par le fond, victimes qu'il accompagna dans leurs pérégrinations éternelles lorsque son *UB-81* heurta une mine le 2 décembre 1917. Quand le choix du *FdU* se fixe sur le Type VIIA il s'avère que la *2.U-Flottille* n'est pas à effectif complet car il manque plusieurs bâtiments. Seuls les *U-27*, *U-28*, *U-33* et *U-34* peuvent participer à l'opération *Ursula*. Bien des problèmes se posent ! Les *U-Boote* ont été mis récemment en service et n'ont pu effectuer suffisamment de sorties en mer afin de tester leur fiabilité. De plus, les commandants et leurs équipages manquent cruellement d'expérience. Le pari est osé d'envoyer ces sous-mariniers mener une action aussi délicate que l'*Unternehmen Ursula*. Mais le *KptzS* Dönitz a confiance dans ses jeunes loups qu'il sait déterminés et prêts à en découdre au bout du

L'*U-30* est à quai et l'équipage descend à terre en quartier libre. © Heimdal

Toujours à quai, nous voyons ici l'*U-27* et l'*U-32* et en bas l'*U-36*. © Heimdal

monde si l'ordre leur est donné. Tous les participants ont reçu des consignes strictes, assujetties même de menaces si des fuites venaient à se produire. Bouches cousues obligatoires ! Les Allemands ont une confiance très limitée quant à la discrétion de leurs alliés italiens dont l'image de bavards invétérés est présente dans tous les esprits. Et communiquer avec eux est pourtant une nécessité afin d'éviter une bévue. Il est aussi impératif que les nationalistes ne soient pas au courant de l'engagement des *U-Boote* car les républicains seraient vite informés, les deux camps fourmillant d'espions. Une tactique particulière va être employée. Les *U-33* et *U-34* sont sélectionnés pour participer à la première patrouille. Ils reçoivent des noms de code, respectivement *Triton* et *Poseidon*, et les marques d'identification allemandes disparaissent. Le *FdU* juge que les deux commandants, les *Kapitänleutnant* Ottoheinrich Junker et Ernst Sobe, manquent par trop d'expérience et qu'il est plus prudent de les remplacer par des officiers plus expérimentés. L'*U-33* va donc être commandé par le *Kplt.* Kurt Freiwald et l'*U-34* par le *Kplt.* Harald Grosse. Les deux *U-Boote* appareillent de Wilhelmshaven dans la nuit du 20 au 21 novembre à destination de l'Espagne et leur zone d'action respective, Alicante pour le premier, Carthagène pour le second. Un mois plus tard jour pour jour ils sont de retour à Wilhelmshaven.

Cette première sortie opérationnelle de bâtiments allemands depuis la dernière guerre se solde par un échec relatif malgré la destruction par l'*U-34* du sous-marin républicain *C-3* (*Alférez de navío* Antonio Arbona Pastor) le 12 décembre à 3,8 milles de la côte, près de Malaga. Ce torpillage a eu lieu en fait deux jours après l'arrêt de l'opération *Ursula* le 10 décembre 1936 par le ministre de la défense allemand, le *Generalfeldmarschall* Werner von Blomberg. Malgré l'insuccès relatif de cette première mission, le retour d'expérience est profitable pour la *U-Bootwaffe* qui va en tirer quelques enseignements utiles pour le futur. Il s'avère en premier lieu que les torpilles ont été souvent défaillantes. Il est probable que les commandants des *U-33* et *U-34* ont commis parfois des erreurs de jugement mais il y a eu trop d'incidents imputables au mauvais fonctionnement des *Aale*[8]. Il est même probable que la torpille qui a coulé le républicain *C-3* n'a pas explosé, perçant seulement la coque épaisse. Le point le plus positif a été l'excellent comportement du Type VIIA. Les sous-mariniers allemands ont eux aussi été dignes d'éloges. L'avenir confortera cette première appréciation puisque le Type VII deviendra le cheval de bataille de la *U-Bootwaffe*. Mais si l'opération *Ursula* est bel et bien enterrée, les événements vont inciter les Allemands à envoyer par la suite à nouveau des *U-Boote* croiser le long des côtes espagnoles. En effet, en février 1937 à Londres, les nations impliquées dans la guerre civile espagnole se réunissent et il est décidé d'appliquer un contrôle maritime autour des côtes ibériques. Cet accord entre en vigueur officiellement le 20 avril et les différentes forces navales en présence se voient assigner un secteur d'opération défini. Cette alliance de façade n'est pas vraiment du goût des Italiens et des Allemands qui aimeraient bien soutenir plus efficacement le général Franco. Mais il ne va pas falloir attendre bien longtemps pour voir survenir l'élément déclencheur d'un changement de situation quant à la politique menée par le Reich. Le 29 mai, le croiseur lourd *Deutschland* (*Kapitän zur See* Paul Wenneker), au mouillage près d'Ibiza, est bombardé par deux bimoteurs Tupolev SB-2 républicains pilotés en secret par des Soviétiques. Deux bombes touchent le navire ! L'une explose à l'avant sur le pont blindé principal sans faire beaucoup de dégâts. Mais la seconde ravage le mess dans lequel se trouvent nombre de marins et provoque de graves incendies. Les deux avions ne sont pas inquiétés par la *Flak*[9] lors de cette attaque surprise qui a pourtant duré plusieurs minutes puisque l'avion qui a fait mouche s'est offert le luxe d'effectuer un premier passage sans larguer ses bombes. Le bilan est lourd pour la *Kriegsmarine* car 31 marins allemands trouvent la mort et 75 sont blessés, dont 11 grièvement. Il est probable que les équipages soviétiques ont cru avoir affaire au croiseur lourd nationaliste *Canarias* qu'ils recherchaient. La première réaction du *Führer* est immédiate : représailles ! Et, profitant du dramatique événement, il dénonce l'accord liant l'Allemagne aux autres pays concernant le contrôle maritime des côtes espagnoles. Le 31 mai, une escadre de la *Kriegsmarine* s'approche à portée de canon de la ville d'Alméria, aux mains des républicains, et la bombarde. Une pluie d'obus s'abat sur la capitale andalouse, plusieurs dizaines de personnes sont tuées et de nombreuses constructions endommagées. Parallèlement à cette action peu honorable, le redéploiement des *U-Boote* est à nouveau à l'ordre du jour. Comme pour l'opération *Ursula*, il est nécessaire d'agir en concertation avec l'allié italien. Cette fois, plusieurs sous-marins allemands vont prendre part à l'action progressivement, certains déployés une seule fois, d'autres à plusieurs reprises. On trouve ainsi deux Type II B, les *U-14* (*Kplt.* Victor Oehrn) et *U-19* (*Kplt.* Viktor Schütze), deux Type I A, les *U-25* (*Kplt.* Eberhard God) et *U-26* (*Kplt.* Werner Hartmann), et dix Type VII A avec les *U-27* (*Korvettenkapitän* Hans Ibbeken puis *Kplt.* Johannes Franz), *U-28* (*Kplt.* Wilhelm Ambrosius), *U-29* (*Kplt.* Heinz Fischer puis *Kplt.* Otto Schuhart), *U-30* (*Kplt.* Hans Cohausz), *U-31* (*Kplt.* Rolf Dau), *U-32* (*Kplt.* Paul Büchel), *U-33* (*Kplt.* Kurt Freiwald), *U-34* (*Kplt.* Harald Grosse), *U-35* (*Kplt.* Hermann Michahelles) et *U-36* (*Kplt.* Klaus Ewerth).

À bord de l'*U-30* se trouve un jeune sous-marinier originaire de l'Odenwald, le *Bootsmannsmaat* Willi Brohm. Quand il a posé pour la première fois le pied sur cet *U-Boot* flambant neuf, le 8 octobre 1936 lors de sa mise en service, il n'imaginait pas un instant qu'être affecté à la *2.U-Flottille* d'entraînement l'amènerait à participer quelques mois plus tard à des opérations militaires sous le soleil d'Andalousie. Et pourtant, quand l'*U-30* appareille de Wilhelmshaven le 30 juillet 1938, cap est mis sur l'Espagne. La mission, très courte, se déroule dans l'Atlantique et, le 15 août, le loup gris est de retour. L'*U-Boot* est à Kiel quand il reçoit l'ordre en septembre 1938 de repartir patrouiller. Le 6, il abandonne les eaux froides de la Baltique pour celles bien plus accueillantes de celles baignant les côtes ouest de la péninsule ibérique. À présent, le Reich ne dissimule plus son soutien au général Franco. Exit les opérations secrètes, les submersibles du *FdU* ne se cachent plus et sont presque en représentation extérieure. Huit jours plus tard, l'*U-30* fait escale à Cadix, à l'extrémité de l'Europe continentale. Dans cette ville chargée d'histoire, l'équipage goûte aux joies de la vie andalouse, découvrent

Le croiseur lourd *Deutschland*. © Heimdal

une autre culture, des mets différents, une vie que la guerre malgré ses horreurs n'a pas réussi à éteindre. La vision de belles Espagnoles au regard noir enflamme bien des esprits et fait chavirer quelques cœurs. Les surprises sont nombreuses, et pour ces militaires habitués à la rigueur germanique, le spectacle est partout. Dans les rues animées, les tavernes, lors des corridas et des contacts avec la population, il n'y a pas un jour sans surprise. Les sous-mariniers allemands rencontrent ainsi des homologues italiens et se lient d'amitié. Comme la guerre semble loin... Et les découvertes ne sont pas terminées car l'*U-30* se rend à Ceuta, sur la côte d'Afrique du Nord ! Mais toutes les bonnes choses ont une fin et, la deuxième semaine d'octobre, les vacances sont terminées, l'équipage doit dire adieu à l'Andalousie. Le 17, l'*U-30* quitte Cadix l'ensoleillée pour Wilhelmshaven la grise qui est atteinte le 22 après une navigation à bride rabattue. En novembre, l'*U-30* reçoit un nouveau commandant : l'*Oberleutnant zur See* Fritz-Julius Lemp. C'est un homme élégant, au regard franc. Son visage évoque le courage et la détermination. Né le 19 février 1913 à Tsingtau[10], ville chinoise de la province du Shandong où vécut Confucius, les aspirations de cet officier de la *U-Bootwaffe* sont néanmoins à des années-lumière des enseignements du célèbre philosophe de l'empire du Milieu.

Il a choisi très jeune la marine, se présentant le 1er avril 1931 en tant qu'*Offiziersanwärter*. Il réussit les examens d'admission et intègre la *Reichsmarine* le 4 octobre 1931 comme *Seekadett*. Sa formation militaire commence à la *I. Abteilung Schiffsstammdivision der Ostsee*, à Stralsund en Poméranie, près de la mer Baltique, où il y apprend les bases du métier de soldat. Maniement d'armes, exercices sur le terrain, marches forcées, corvées, etc. Cette période difficile en tant que fantassin débouche fort heureusement par l'enseignement maritime à bord du voilier-école trois-mâts barque *Niobe* qu'il quitte le 30 septembre. Il embarque alors sur le croiseur léger *Karlsruhe* qui effectue de longues croisières océaniques à travers le monde et sur lequel se forment les officiers. Il est élevé au grade de *Fähnrich zur See* le 1er janvier 1933.

À la fin du mois, le 30, la République de Weimar a un inquiétant chancelier : Adolf Hitler ! Le nouvel homme fort de l'Allemagne prend rapidement en main l'avenir du pays et, quelques mois plus tard, le IIIe Reich est né. Ce changement de situation politique ne change pas grand-chose dans l'immédiat pour le jeune Fritz-Julius Lemp qui est promu *Oberfähnrich zur See* le 1er janvier 1935. En avril, il intègre alors l'*U-Schule*, à Kiel, école qui dispense l'*U-Bootsausbildung*, l'instruction destinée à façonner de futurs sous-mariniers. Au printemps, la *Reichmarine* est rebaptisée *Kriegsmarine*. Tout un programme... *Leutnant zur See* le 1er avril de la même année il est décoré le 2 octobre 1936, comme beaucoup de ses pairs, de la *Dienstauszeichnung IV. Klasse*, médaille créée le 16 mars par le *Führer* en vue de récompenser le personnel servant dans l'armée depuis un nombre donné d'années, en l'occurrence quatre dans le cas présent. En novembre 1936, il embarque sur l'*U-28* (*Kplt* Wilhelm Ambrosius) comme *Wachoffizier*, officier de quart. Nommé *Oblt.z.S.* le 1er janvier 1937, il participe ensuite à l'opération *Ursula* sur ce sous-marin lors de la guerre d'Espagne. De retour à Wilhelmshaven, il reçoit temporairement le 28 octobre 1938 le commandement de l'*U-28* qu'il laisse en novembre pour prendre celui de l'*U-30*.

(8) *Aal* (pluriel *Aale*) : Anguille, surnom donné aux torpilles par les sous-mariniers allemands.

(9) *Flak* (*Flugabwehr-Kanone*) : canon antiaérien allemand et par extension nom donné à la DCA allemande.

(10) Tsingtau : à présent Qingdao, en Chine.

Cette planche nous montre l'*U-30* en route pour l'Espagne, ici (*in der Biskaya*) dans le golfe de Gasgogne. © Heimdal

Là encore, nous voyons que Willi Brohm a, méticuleusement, rassemblé des clichés des meilleurs photographes qu'il a pu côtoyer. Ici, à gauche, un beau coucher de soleil sur l'*U-30* fendant les flots, ou un ciel magnifique (en haut) alors que le soleil disparait et diverses scènes de la vie à bord. © Heimdal

Faire le point en mer et quelques camarades…
© Heimdal

Ce reportage, réalisé en route pour l'Espagne, nous montre la vie en mer avec un « beau temps, et un bon moral ». © Heimdal

Il nous présente ici deux excellentes photos de l'avant — avec la pièce de pont de 8,8 cm — et de l'arrière du kiosque en cette année 1937. La photo ci-dessus nous montre trois marins, dont deux — on le devine pour le second, en bas sur la photo, nous montrant Willi Brohm — portent sur leurs maillots le *Hoheitsabzeichen* — emblème de souveraineté — en bleu, propre à la Kriegsmarine. Le chaud soleil leur a permis cette tenue légère. © Heimdal

Emblème national pour la tenue de sport. Ses dimensions (25 x 12 cm) sont bien plus grandes que pour l'emblème tissé pour la tenue blanche de la troupe. Coll. privée

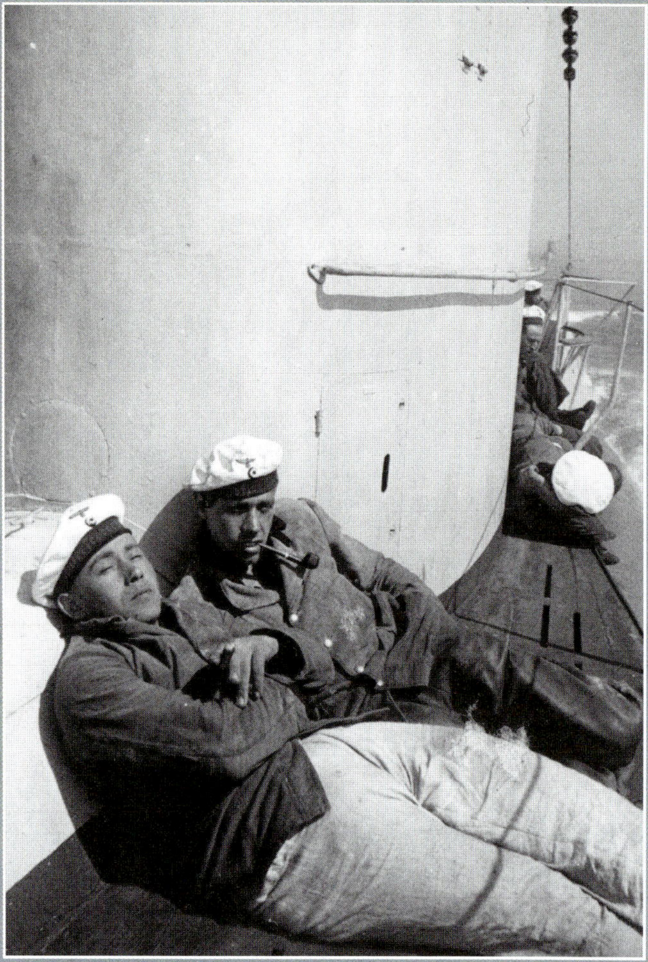

Par beau temps, en route pour l'Espagne, la vie semble douce pour l'équipage de l'U-30. Ils portent des tenues de treillis. © Heimdal

Jumelles de la Kriegsmarine 7x50, produites par la firme T. Carl Zeiss à Jena. © Hermann Historica

Un officier de quart, jumelles au cou, fait tranquillement les cent pas par mer calme, sur le pont avant.
© Heimdal

Ceinture de sécurité en lin avec renforts en cuir et corde de fixation, avec tampon en lettres noires - « ceinture de sécurité - *Sicherheitsgurt Nr. 29* ». Pour le personnel de pont et les servants des pièces de pont, canons et mitrailleuses. © Hermann Historica

Sextant de la *Kriegsmarine* – métal laqué noir avec gradations blanches à 120° et n°25499, ainsi que le nom du fabricant : C. Plath Hamburg. Emblème de souveraineté avec lettre « M » et n° 10057 sur le montant. Ce sextant se trouve dans sa boite de transport en bois avec poignée en aluminium.
© Hermann Historica

3

La planche 18 nous montre l'arrivée à Cadix en 1937 – l'histoire retient la date du 11 septembre 1938, alors que Willi Brohm note « 1937 » à plusieurs reprises dans son album. Les deux premières photos (1 et 2) montrent l'*U-30* approchant du port andalou (*Cadiz voraus*). Puis les U-Boote sont maintenant accostés dans le port (3) – *Im Hafen von Cadiz*. Le pont est abrité par une bâche sous les ardeurs du soleil ibérique et les sous-mariniers prennent une douche sur le pont (4) – *die Oberdeckbrause*. © Heimdal

1

2

4

5

6

Mais l'accès à l'U-30 à quai est contrôlé. Un marin, en tenue blanche d'été, monte la garde (5) - *Posten an Bord*. Le kiosque porte le chiffre 30 en grandes lettres blanches, flanquées sur la droite par trois bandes de couleur sur lesquelles on remarque à nouveau le nom de la flottille : *U-Flottille Saltzwedel*. Et la vie à bord sous ces cieux, ne semble pas désagréable, presque une croisière (6) : *Freizeit unter Sonnenzegel* - « Temps libre sous la bâche estivale ». Les hommes se sont mis à l'aise et prennent du bon temps. © Heimdal

Avec cette nouvelle planche, l'*U-30* est toujours à Cadix, sur la côte Atlantique, où nous voyons, ci-dessus au milieu et à droite, le port, avec un immense bateau-hôpital. Mais, en attendant de passer le détroit de Gibraltar pour partir en opération, l'équipage va profiter de ce séjour pour faire du tourisme dans l'intérieur... © Heimdal

L'équipage, sous le soleil ibérique, a revêtu ses tenues blanches. Sur cette photo (ci-dessus), il est venu rendre visite à un navire italien et il pose ici à l'arrière de la casemate de ce navire avec des membres de l'équipage italien. Puis, c'est une excursion à Séville, chaleureusement accueillis par les nationalistes espagnols. Quelle découverte pour ces jeunes marins allemands qui, pour la plupart d'entre eux, n'étaient jamais allés au-delà du Rhin. Ils sont à Séville d'où Willi Brohm a ramené ces clichés : « l'église de garnison », « la place de la musique », un édifice sévillan arborant drapeaux et l'inscription *Viva Espana*, mais aussi un fiacre avec des « Senioritas ». Notons là aussi le drapeau espagnol tendu sur un balcon. © Heimdal

Les moments de détente permettent aussi la constitution d'une équipe de football ainsi que le plaisir de la plage sous le « soleil tropical ». © Heimdal

Ce reportage nous montre une promenade « touristique » dans l'intérieur – *Landeinwärts*. © Heimdal

Ici à gauche, nous voyons nos marins installés devant une maison blanche, auprès des familles allemandes installées en Andalousie (*mit der deutschen Kolonie*) et à l'Hotel Hamburg. © Heimdal

Les marins allemands prennent le train en uniforme d'été. La photo du haut nous montre la gare (*Bahnhof*). La photo du bas nous présente les autocars (*mit dem Bus*) venus les chercher à la gare.
Les autres photos nous montrent la « ville au bord de la mer », le paysage exotique de la côte mais aussi les plaisirs de la plage.

Le séjour « touristique » semble très éloigné de la terrible guerre d'Espagne, et doit paraître bien exotique à ces jeunes sous-mariniers qui découvrent un pays étonnant. Ils sont des invités *(Gäste)* pour la corrida de Séville, en juin 1937 — date singulière mais crédible — l'album ayant été réalisé avant 1941 alors que les souvenirs étaient bien clairs et les affectations portées sur le *Soldbuch.* Nous voyons l'entrée des participants et des phases de la corrida. © Heimdal

L'*U-30* quitte maintenant la côte Atlantique. C'est tout d'abord le détroit de Gibraltar (**1**) puis la côte africaine, l'autre côté (**2**) que le sous-marin rejoint (**3**), arrivant à Ceuta (**4**), au Maroc espagnol, que nous voyons aussi de nuit (**5**). L'*U-30* est à quai dans le port (**6** et **7**) où nous voyons aussi (**8**) un cargo marocain. © Heimdal

3

6

1

2

4

5

7

8

Arrivés sur la côte africaine, ce sera, à partir de Ceuta, une nouvelle expédition, cette fois à Tetouan. © Heimdal

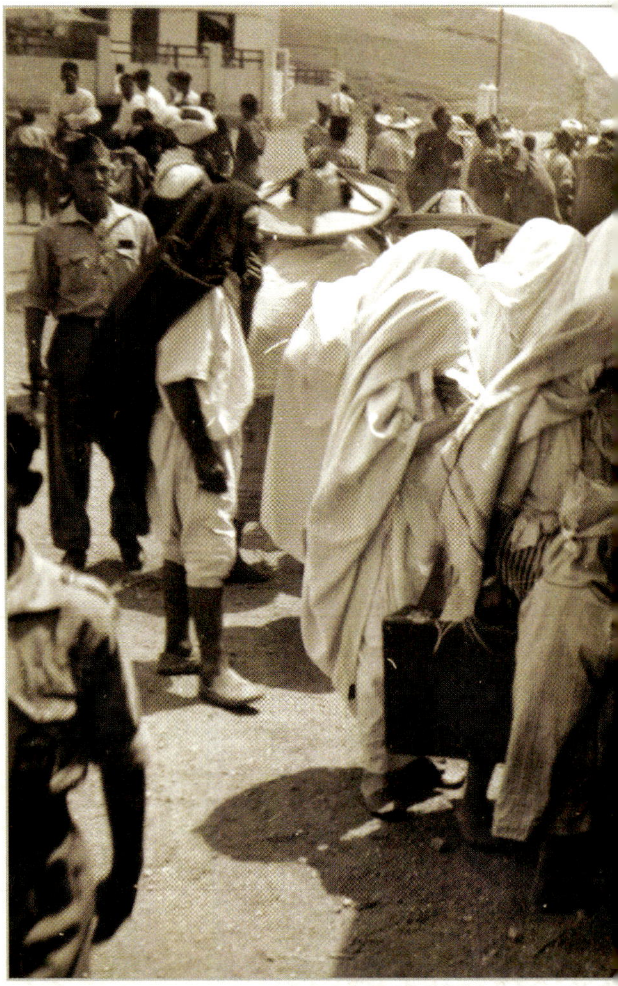

En allant à Tetouan *(Nach Tetuan)*, au milieu de la population marocaine. Mais ce sera (en bas à gauche), la panne !

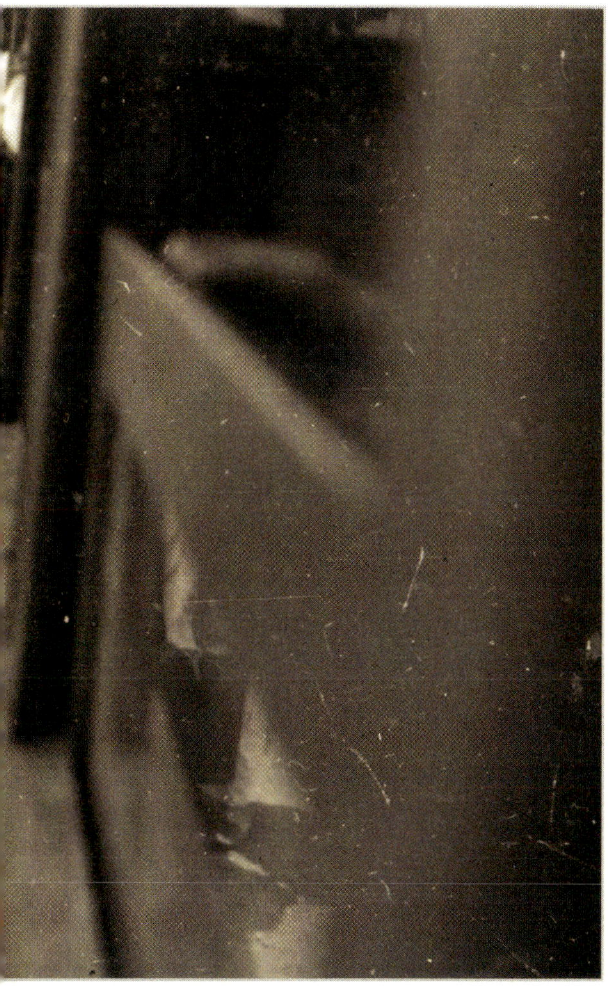

C'est de nouveau une formidable découverte pour les jeunes marins. © Heimdal

Cette carte, ci-contre, extraite d'un dictionnaire de l'époque, nous montre les deux tiers occidentaux de l'Espagne où l'*U-30* a opéré lors du *Spanienkrieg*. Nous y retrouvons Cadix, Séville, Ceuta et Tetouan. Coll. Heimdal

Les photos ci-dessus nous montrent d'autres moments de détente passés dans le secteur de Tetouan au Maroc espagnol. © Heimdal

À Tetouan, ils peuvent photographier une sentinelle marocaine à l'entrée d'un palais et la sortie en grande cérémonie du Kalife de Tetouan, quittant son palais.

Et la couleur locale, avec une femme dans le marché, puis une autre, et ces deux Marocains les saluant d'une façon qui leur réchauffe le cœur... mais aussi une promenade au milieu des eucalyptus fixée sur la pellicule. © Heimdal

Le retour se précise et les *U-Boote* font escale aux Canaries, un archipel où le général Franco est resté très populaire - jusqu'à aujourd'hui. Il en avait été le gouverneur avant la guerre civile et son souvenir y était resté très vif. Habités par les Guanches, les premiers Européens découvrent cet archipel à la fin du Moyen Âge et sont menés par le Normand Jean de Bethencourt mais l'archipel passe bientôt sous la couronne d'Espagne, jusqu'à aujourd'hui. Ces photos nous montrent le relief volcanique assez marqué de ces îles situées à l'ouest de l'Afrique.

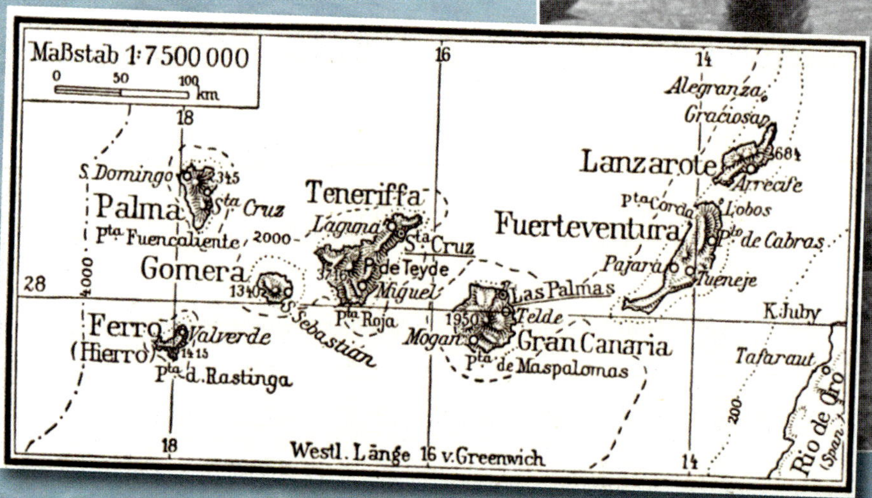

Cette carte allemande des années 40 nous présente cet archipel où nous retrouvons Santa Cruz sur Teneriffe. Doc. Heimdal

Un loup gris sort de l'océan, ici l'*U-27.* © Heimdal

Ces photos nous montrent le port de Santa Cruz de Teneriffe et le paysage de l'île. © Heimdal

L'activité maritime semble alors importante dans le port de Santa Cruz et...

les sous-marins allemands, arborant ici les couleurs de l'Espagne, sont fêtés par la population locale. © Heimdal

Les sous-mariniers de l'*U-30* sont maintenant sur le torpilleur *Leopard*. © Heimdal

Ce torpilleur, de classe type 1924, a été lancé le 15 mars 1928 et armé le 15 août 1929, avec un équipage de 125 hommes, il dispose de trois pièces de 10,5 cm L45 et de deux pièces de Flak de 2 cm, ainsi que de six tubes lance-torpilles et peut larguer 30 mines. Il atteint une vitesse de 35,2 nœuds. Après être entré en collision avec le SMS *Schleswig-Holstein*, lors d'un exercice, le 29 octobre 1929, il avait été mis hors service en octobre 1932 mais avait été réintégré le 29 juillet 1933, en remplacement du *Seeadler*, dont il avait reçu l'équipage. Il est engagé lors de la guerre d'Espagne, et c'est pourquoi nous le voyons ici. Sa mission était alors l'assistance aux réfugiés. En juillet 1936, il rejoint Séville et sert à la libération du consul allemand à Malaga. Il rentre en Allemagne le 20 août puis repart en Espagne en octobre-novembre 1936, et en mai-juin 1937, participant au bombardement d'Alméria par l'*Admiral Scheer*. Il est à nouveau, en Espagne, de juillet à octobre 1937 (époque probable de ce reportage). Après être retiré du service et remis en ligne, il est en Espagne, au sein de la 4e Flottille, de juin à août 1938. Au début de la Seconde Guerre mondiale, il sera en surveillance en Mer Baltique, puis engagé en Norvège. Suite à un accident, lors de pose de mines, il coulera dans la nuit du 30 avril 1940.

Exercice de nuit (ci-dessus) et *Freibad Atlantik* - l'un des marins montre son talent de plongeur. À cette époque, les piscines sont partout présentes dans le Reich et beaucoup de ses citoyens ont appris à nager. © Heimdal

Le Reich soigne ses marins. Ils profitent ici d'un séjour à la montagne, dans le massif montagneux du Riesengebirge, situé au sud de la Silésie, dominant la région des Sudètes, au nord de la Bohème. Ce séjour a lieu en 1938 — en décembre 1938 ou en janvier 1938 — dans le premier cas ce serait après l'intégration de la région des Sudètes dans le Reich, ce qui semble évident, comme nous le verrons. Les marins sont ici confortablement installés dans une grande auberge. © Heimdal

Les marins s'exercent au ski et vont ramener de bons souvenirs - cherchez Willi Brohm dans le groupe ! © Heimdal

Ce séjour a, de toute évidence, marqué le jeune marin qui lui consacre une nouvelle planche. Avec une photo prise depuis la Riesengebirge, vue sur le *Sudetenland* (région des Sudètes), probablement à la fin de l'année 1938, après la disparition de la frontière. Mais un certain dégel est arrivé. © Heimdal

Avec le dégel, le soleil – « Pose de repos et bain-de-soleil » (*Ruhepause mit Sonnenbad*). On reconnait Willi Brohm sur les deux photos de bas de page.
© Heimdal

III • L'*U-30* DANS LA GUERRE

La guerre civile espagnole s'achève le 1er avril 1939, laissant le pays exsangue, une population traumatisée et les dictatures européennes victorieuses. L'*Oblt.z.S.* Lemp est décoré le 6 septembre du *Spanienkreuz* en bronze, médaille récompensant les militaires ayant participé à cette guerre. Mais le temps des sanglots n'est pas prêt de disparaître sur le vieux continent car le bruit des bottes ne cesse de croître. L'accalmie va être de courte durée. Le 22 août 1939, alors que l'aube n'est pas encore d'actualité, l'*U-30* appareille à 4 h de Wilhelmshaven pour une patrouille qui doit l'amener à croiser dans l'Atlantique, au nord-ouest de l'Irlande. L'*Oblt.z.S.* Lemp est secondé par l'*Oblt.z.S.* Hans-Peter Hinsch, *Erster Wachoffizier* [11], et le *Leutnant zur See* Friedrich Bothe, *Zweiter Wachoffizier* [12]. Il s'agit d'une mission de longue durée destinée principalement à collecter des informations au sujet du trafic maritime et attendre des instructions car, pour l'instant, la paix règne, même si précaire. Mais, à bord du loup gris, les hommes savent que leur présence à la mer signifie que tout peut basculer subitement et que cette patrouille peut se transformer soudainement en une véritable *Feindfahrt* [13]. À la suite de l'agression contre la Pologne, la France et la Grande-Bretagne déclarent la guerre à l'Allemagne le 3 septembre 1939. La *U-Bootwaffe* se lance alors dans la bataille. Karl Dönitz, élevé au grade de *Kommodore* depuis le 28 janvier, va,

Le SS *Athenia*. Vue d'artiste.

avec ses sous-mariniers, donner bien du souci aux Alliés. Le 3, juste avant 13 h, Georg Högel, le *Funkmaat* [14] de l'*U-30*, reçoit un message du *BdU* qui est immédiatement lu à l'équipage par le commandant Lemp : l'Allemagne est en état de guerre avec la France et la Grande-Bretagne. À présent, il est permis d'attaquer si l'occasion se présente ! Néanmoins, le *Führer* a imposé à la *Kriegsmarine* des restrictions concernant les cibles potentielles sur mer car il espère réussir à calmer les velléités des deux puissances occidentales et obtenir un arrangement diplomatique. Seule l'attaque de navires militaires et de commerce est autorisée, et dans le plus grand respect du droit international concernant ces derniers. Il est donc interdit aux commandants d'*U-Boote* de torpiller ou canonner des paquebots et autres bateaux civils, comme les neutres, sans s'être assurés auparavant de la qualité de la cargaison et de sa destination. Les sous-marins doivent appliquer à la lettre le règlement sur les prises qu'a ratifié l'Allemagne en 1936. Et ce traité est extrêmement contraignant, surtout pour les sous-marins qui doivent attendre lors d'un contrôle positif d'un navire neutre que l'équipage soit en sécurité dans des canots de sauvetage et approvisionné en vivres. À partir de ce moment-là seulement, il est possible de couler le contrevenant. Dans les faits, il s'avère très difficile à un commandant d'*U-Boot* de discerner formellement à la vue le type et la nationalité d'un navire si les conditions de mer ne le permettent pas et de nuit. Le *Kommodore* Dönitz, conscient des insuffisances de la *U-Bootwaffe* et des contraintes opérationnelles, souhaiterait appliquer une guerre totale. Mais cela est impossible car il faut adapter la stratégie maritime à la politique prudente du chancelier Hitler sur le nouveau front ouest.

Ce 3 septembre, l'*U-30* patrouille en surface très au large au nord-ouest de l'Irlande. En fin d'après-midi, il se trouve à environ 60 milles au sud de Rockall, fameux rocher isolé en forme de pain de sucre situé entre l'Irlande et l'Islande, à l'ouest des Hébrides. À 16 h 30, un des veilleurs repère un navire de gros tonnage visible à l'horizon, une fumée sombre s'échappant de son unique cheminée. L'*Oblt.z.S.* Lemp après avoir observé ce qui est manifestement un très grand bateau ordonne : « *Äusserste Kraft !* » [15]. Le *Leitender Ingenieur* Hans-Joachim Eichelborn pousse les deux diesels quatre temps MAN M 6 V 40/46. En quelques secondes, 2310 cv se déchaînent dans un vacarme hallucinant et le loup gris bondit en avant. L'*U-30*, lancé à une quinzaine de nœuds, se rapproche rapidement du bateau insouciant, puis, arrivé en bonne position, plonge. Le commandant Lemp est tendu. Observant cette proie potentielle à travers les lentilles de l'*Angriffs-Sehrohr* [16], il note

Le SS *Athenia* en train de sombrer.

que le navire effectue des zigzags et marche à 15 nœuds. Il est à présent 19 h et la lumière du jour déclinante ne favorise pas une observation précise. L'*Oblt.z.S.* Lemp pense avoir affaire à un croiseur auxiliaire, un paquebot converti en bâtiment militaire, car équipé de canons. L'absence de feux de navigation, la couleur sombre, la vitesse élevée et la route erratique de l'inconnu le confortent dans cette idée. Sa décision est alors prise et il relève les paramètres de lancement dans le réticule du périscope. Dans les entrailles de l'*U-Boot* les hommes sont prêts, les quatre torpilles des tubes avants également. À 19 h 39 l'ordre tombe : « *Rohr ein... los ! Rohr zwei... los !* »[17]. Une *G7e* quitte le sous-marin et fonce à 30 nœuds sur cette proie qui ne se doute de rien. L'autre par contre reste bloquée dans le tube, moteur tournant ! Les torpilleurs réussissent à lui faire quitter le tube mais l'alerte a été chaude. Quelques minutes plus tard une forte explosion retentit. La première *Aal* [18] a touché le navire en plein milieu, déchiquetant la cloison entre la salle des machines et les chaufferies. Le commandant Lemp décide de faire surface. « *Auftauchen !* »[19]. Les purges sont fermées et l'air comprimé chasse l'eau des ballasts dans un puissant sifflement. L'*U-30* retrouve une flottabilité positive, surgissant dans un bouillonnement d'écume. La voie du *LI.* Eichelborn signale que tout est clair et, dans l'*U-Boot*, les ordres fusent. Le commandant ouvre le panneau supérieur du kiosque et grimpe dans la baignoire, accompagné de quatre hommes qui s'appliquent immédiatement à surveiller leur secteur respectif. Dans ses jumelles et malgré l'obscurité, l'*Oblt.z.S.* Lemp constate que le navire inconnu est stoppé, semble sérieusement touché, mais toujours à flot. Une troisième torpille est alors lancée mais fonctionne mal et se perd. Lemp rage contre ses anguilles de malheur et demande à se rapprocher afin de donner le coup de grâce à une distance plus raisonnable.

(11) *Erster Wachoffizier (1WO)* : Premier officier de quart et commandant en second (responsable des torpilles).

(12) *Zweiter Wachoffizier (2WO)* : Deuxième officier de quart (responsable des transmissions).

(13) *Feindfahrt* : croisière de guerre.

(14) *Funkmaat* : opérateur radio.

(15) *Äusserste Kraft* : Machines en avant toute

(16) *Angriffs-Sehrohr* : Périscope d'attaque.

(17) *Rohr ein... los! Rohr zwei... los !* : Tube un... lancez! Tube deux... lancez!

(18) *Aal* (pluriel *Aale*) : Anguille, surnom donné aux torpilles par les sous-mariniers allemands.

(19) *Auftauchen !* : Surface !

Des survivants de l'*Athenia* débarquent du cargo norvégien *Knute Nelson.*

À présent, la cible est nettement visible et ses contours bien définis. Le profil que discerne le commandant de l'*U-30* l'alarme. Il se rend compte qu'il s'est mépris et vient de commettre une épouvantable erreur ! Le croiseur auxiliaire qui prend de la bande et que l'équipage évacue n'en est pas un, c'est un... paquebot. Il descend immédiatement dans le poste central puis se rend au local radio compulser le registre de la Lloyds où figurent nombre de silhouettes de navires en service à travers le globe. Son doigt s'arrête sur un nom que confirme le *Funkmaat* Högel qui entend le message de détresse en clair que diffuse un homologue inconnu sur le bateau en train de sombrer. Sa victime est sans nul doute possible le SS *Athénia*, paquebot transatlantique de 13 581 tonneaux dirigé par le capitaine James Cook et appartenant à la Donaldson Brothers and Black Ltd de Glasgow. D'un seul coup, une pâleur inquiétante envahit le visage de l'*Oblt.z.S.* Lemp, choqué, qui prend conscience des conséquences désastreuses de son action. Il vient de torpiller le premier bateau de la guerre et c'est un paquebot transportant des civils, désobéissant ainsi aux ordres stricts qui interdisaient formellement d'attaquer ce type de navire. L'*Oblt.z.S.* Lemp juge préférable de s'éloigner sans porter secours aux naufragés afin de ne pas révéler la nationalité de l'agresseur car il sait que sa bévue risque de déclencher un incident diplomatique majeur pouvant mener à de graves conséquences pour l'Allemagne, comme l'entrée en guerre des États-Unis aux côtés de la Grande-Bretagne et de la France qui ne cessent de pousser les Américains à les rejoindre. L'*Athenia* avait quitté Glasgow le 1er à destination du Canada avec à son bord 1103 passagers, dont 316 Américains, et 315 marins et personnels de cabines. La méprise de Lemp va coûter la vie à 19 membres d'équipage et 93 passagers, dont plusieurs enfants, femmes et quelque 28 ressortissants américains. Elle va créer aussi un scandale au cours duquel les services de propagande des belligérants vont animer la scène internationale à qui mieux mieux, les Britanniques clamant à juste titre leur indignation et les services du *Reichsminister für Volksaufklärung und Propaganda* Joseph Goebbels va faire preuve d'une bonne foi évidente de nature à semer le doute car il bénéficie de circonstance atténuante. En effet, l'*Oblt.z.S.* Lemp, craignant d'être rappelé et relevé de son commandement, n'a pas signalé au *BdU* le torpillage de l'*Athenia*, préférant appliquer la politique de l'autruche ! De fait, le *Reichsminister* Goebbels est sincère au début quand il clame haut et fort la non-implication d'un *U-Boot* dans le drame car il se base sur les déclarations du *Großadmiral* Erich Raeder qui affirme qu'aucun de ses sous-marins n'a attaqué un navire dans la zone le 3 septembre. Néanmoins, par recoupement et face au silence suspect de Lemp, le *Kommodore* Dönitz a compris que le naufrage de l'*Athenia* est le fait de l'*U-30*. Il en fait part à Hitler qui, furieux mais devant le fait accompli, juge bon de continuer à nier. Berlin persévère et en vient à accuser les Britanniques d'avoir volontairement torpillé l'*Athenia* afin de pousser les Américains à entrer en guerre contre l'Allemagne. Personne n'est dupe, surtout pas le président des États-Unis, Franklin Roosevelt, qui doit pour l'instant tenir compte du Congrès et de l'opinion américaine favorable à l'isolationnisme et la non-intervention. Dans la *U-Bootwaffe* nombreux sont ceux qui se doutent aussi que l'*U-30* est responsable de la disparition du paquebot de la Donaldson Brothers and Black Ltd. En attendant de faire face à ses responsabilités, l'*Oblt.z.S.* Lemp continue sa mission, l'esprit agité par des visions de cour martiale. Dans la baignoire, les veilleurs sont plus attentifs que jamais et les opérateurs chargés de la détection hydrophonique se relaient, fouillant les infinis espaces océaniques à la recherche d'un bruit d'hélice.

Le *11*, aux environs de 3 h 30, un cargo est aperçu. Il s'agit du *Blairlogie* commandé par le capitaine Daniel Brown MacAlpine. Ce vapeur de 4425 tonneaux battant pavillon britannique appartient à la compagnie George Nisbet & Co de Glasgow. Ses cales pleines de ferraille et d'acier, il a quitté Portland, dans le Maine, à destination de la Grande-Bretagne. Il fait route tous feux éteints vers la Cornouailles à moins de dix nœuds, cap sur le promontoire de Land's End, le point extrême du sud-ouest de la Blanche Albion, où il doit recevoir des instructions pour rejoindre un port. Il représente une belle cible avec ses 116 m de long et ses 15,8 m de large. À son bord s'activent 30 marins, officiers compris. L'*U-Boot* a vite fait de le rattraper et l'*Oblt.z.S.* Lemp envoie avec le projecteur à éclat un signal en morse enjoignant au cargo de stopper. Mais, au lieu d'obtempérer, le capitaine MacAlpine fait augmenter la vitesse. Dans la chaufferie les marins s'échinent à gaver les chaudières de charbon alors que la machine à triple expansion donne tout ce qu'elle peut, ses 373 cv faisant trembler la coque surchargée. Lemp ordonne alors aux servants du canon de 2 cm de lâcher

Cette planche annonce la Seconde Guerre mondiale en 1939 - « Marche à l'ennemi » et c'est le reportage sur le torpillage du *Fanad Head*, le 14 septembre 1939. © Heimdal

une rafale devant l'étrave du bateau anglais. À 4 h 24, une gerbe de projectiles, dont certains traceurs, illumine la nuit et soulèvent de petites gerbes devant la proue du *Blairlogie*. Mais les quelques obus de petits calibres sont sans effet sur la détermination du capitaine MacAlpine à essayer de s'échapper. Le commandant du loup gris décide de se montrer plus persuasif et fait monter peu après sur le pont l'équipe du canon de 8,8 cm *Schiffskanone* C/35 L/45. À 5 h, la pièce crache ses obus. Le tir, dirigé de la baignoire par le *2WO* Bothe, est rendu difficile par

L'*U-30* arraisonnant le vapeur britannique *Fanad Head* le 14 septembre 1939.

les mouvements du sous-marin obligé de naviguer afin de se maintenir au niveau du cargo. À dix-huit reprises, le canon tonne. Trois obus finissent par atteindre le vapeur et l'obligent à stopper. La mort dans l'âme, le capitaine MacAlpine se résout à ordonner l'évacuation de son navire. L'équipage au complet prend place dans les deux canots de sauvetage. *L'Oblt.z.S.* Lemp pourvoit en vivre les marins, joignant des cigarettes et une bouteille de *Steinhäger*, un alcool à base de baies de genièvre. À 5 h 30, une fois les deux chaloupes à distance de sécurité, une torpille envoie le *Blairlogie* par le fond.

Cette seconde victoire, justifiée cette fois, redonne un peu le moral à l'officier allemand. La chasse continue ! Et le 14 en début d'après-midi, un nouveau cargo britannique est repéré. Il s'agit du *Fanad Head*, vapeur de 5200 tonneaux dirigé par le capitaine George Pinkerton. Ce bateau, propriété de la Ulster Steamship Co. Ltd. (G. Heyn & Sons Ltd.) de Belfast, a quitté Montréal le 3 à destination de son port d'attache avec une cargaison de céréales et huit passagers en plus d'un équipage de 34 hommes, officiers compris. Le loup gris navigue à grande vitesse afin de rattraper ce but pour le moins appétissant avec ses 118,9 m de long et ses 15,5 m de large. La mer est un véritable lac, la visibilité excellente et les marins ont aperçu le sous-marin de loin. Le capitaine Pinkerton fait donner toute la puissance. Construit en 1917, le vieux steamer n'est plus de première jeunesse et il y a fort à parier que les 379 cv théoriques que peut fournir la machine ne répondent pas tous présents. Néanmoins, et malgré son chargement, il file quand même à dix nœuds et il faut un certain temps à l'*U-30* pour l'intercepter. À 13 h 23, l'équipe de la pièce de 8,8 cm tire un coup de semonce qui tombe devant l'étrave du *Fanad Head* qui stoppe. Étant donné la durée de la poursuite, le radio du cargo a eu tout loisir de lancer nombre d'appels de détresse et de signaler sa position, environ 280 milles au Nord-Ouest de Malin Head, le point le plus septentrional d'Irlande. *L'Oblt.z.S.* Lemp n'a a priori pas lieu de s'inquiéter outre mesure car l'océan est vide de toute présence ennemie. Il décide d'envoyer à bord du vapeur une équipe chargée de placer des charges explosives et de faire main basse sur des vivres, ce qui devrait permettre d'améliorer l'ordinaire et prolonger la patrouille. L'équipe de prise est constituée du *1WO* Hinsch, de l'*Obermaschinist Büsgen*, du *Maschinenobergefreiter* Otto Ohse et du *Maschinenmaat* Adolf Schmidt. Les marins du *Fanad Head* mettent à l'eau deux canots de sauvetage et tout le monde y embarque. Un bout leur est envoyé afin de remorquer les petites embarcations surchargées et les éloigner un peu du cargo. *L'Oblt.z.S.* Lemp rassure les passagers et les informe que le S.O.S a été accepté par un bateau de commerce américain en route pour les secourir. Les sous-mariniers allemands plaisantent, détendus, et sont loin d'imaginer qu'un danger mortel approche, filant à 300 km/h dans l'azur. En effet, à 200 milles de là croise le porte-avions HMS *Ark Royal* qui a été informé que le *Fanad Head* a été arraisonné par un sous-marin allemand. Le fleuron de la Royal Navy, qui porte la marque du *Vice admiral* Lionel Victor Wells, est chargé de la lutte anti-sous-marine et est accompagné des destroyers HMS *Bedouin* (Commander James Abernethy McCoy), HMS *Eskimo* (Cdr St. John Aldrich Micklethwait), HMS *Faulknor* (Captain Charles Saumarez Daniel), HMS *Firedrake* (Lieutenant commander Stephen Hugh Norris), HMS *Foxhound* (*Lt* Cdr Philip Henry Hadow), HMS *Fury* (Cdr Geoffrey Frederic Burghard), HMS *Punjabi* (Cdr John Trevor Lean) et HMS *Tartar* (Capt. Gerald Harman Warner). Il s'agit donc là d'une puissante escadre capable de causer bien des soucis aux hommes de Dönitz.

Dès réception des messages radio de détresse, le *Flag Captain* Arthur John Power, commandant le porte-avions, envoie immédiatement trois Blackburn B-24 Skua du 803 *Naval Air Squadron* à la rencontre de l'*U-Boot* insouciant. Il détache également les HMS *Eskimo*, HMS *Bedouin*, HMS *Punjabi* et HMS *Tartar* qui mettent le cap à pleine vitesse vers les lieux de l'événement. Chaque appareil monomoteur s'arrache du pont d'envol avec une bombe anti-sous-marine de 100 livres (45,3 kg) en position ventrale et quatre petites bombes Cooper B de 24 livres (10,8 kg) placées sous les ailes. Le Blackburn B-24 Skua est capable d'emporter une bombe de 500 livres (226 kg) mais son rayon d'action serait alors insuffisant pour se rendre sur les lieux et revenir. Ce qui est le cas aussi pour les biplans Fairy Swordfish embarqués sur le HMS *Ark Royal*. La bombe de 100 livres est dans les faits insuffisamment puissante pour couler à coup sûr un sous-marin. Et que dire des Cooper B datant de la Grande Guerre avec leur charge d'explosif dérisoire de 4 livres (1,8 kg) ! Mais faute de grives... La formation est dirigée par l'avion, code A7A, que pilote le *Lt Cdr* Dennis Royle Farquharson Campbell, commandant du 803 *Naval Air Squadron*, avec pour observateur le Lieutenant Michael Charles Edward Hanson. Le second bombardier, code A7M, est aux mains du *Lt* R.P. « Thirsty » Thurston, observateur « Observers Mate » Petty officer James « Jock » Simpson. Et le troisième appareil, code A7K, est manié par le *Lt* Guy Beresford Kerr Griffiths, observateur le PO George Vincent McKay. Le plan de vol doit amener les trois bombardiers aux abords du rocher de Rockall où ils se sépareront afin de prospecter une zone la plus vaste possible et localiser le *Fanad Head* et son agresseur. À bord du porte-avions, deux autres formations de trois bombardiers se tiennent prêtes à intervenir dès que l'*U-30* sera repéré, une du 810 *Naval Air Squadron*, dirigée par le *Lt* Cdr J.E. Fenton, et une du 821 *Naval Air Squadron*, commandée par l'*Acting Lt* Michael George Winsloe Clifford. Alors que la première formation vole vers le rocher de Rockall, un affrontement a lieu opposant le HMS *Ark Royal* et... un *U-Boot* ! Le porte-avions a été repéré par l'U-39 du *Kplt.* Gerhard Glattes qui a réussi à déjouer la surveillance des escorteurs et se positionner pour lancer. Quelques minutes après 15 h, deux torpilles *G7a* munies de têtes équipées de mise à feu magnétique giclent des tubes et foncent vers le grand bâtiment de la Royal Navy. Heureusement, le *Leading Signalman* Joseph Ernest Hall repère leur sillage et déclenche l'alarme. Le porte-avions tente alors une manœuvre désespérée en abattant. L'action est couronnée de succès car les deux torpilles passent à côté de leur cible, l'une explosant dans les remous causés par les hélices du porte-avions. *Le* HMS *Ark Royal* l'a échappé belle grâce à la présence d'esprit du *Ldg Sig Hall* ! À présent, le loup gris change

de statut, passant de chasseur à gibier, car les HMS *Faulknor*, HMS *Firedrake* et HMS *Foxhound* le prennent en chasse. Il est détecté et grenadé après moins de trente minutes de traque par ce dernier destroyer, suivi dans la foulée par HMS *Faulknor*. Quelques minutes après le HMS *Firedrake* obtient lui aussi un contact et effectue une passe de grenadage. La pluie de grenades anti-sous-marines qui s'est abattue avec précision sur le sous-marin allemand a causé des dégâts irrémédiables. Le *Kplt.* Glattes décide de faire surface tant que la manœuvre est encore possible. Les Anglais sont surpris de voir émerger dans une gerbe d'écume leur cible aussi rapidement mais ne perdent pas leur temps. Les trois destroyers ouvrent le feu sur le loup gris à l'agonie. Les tirs cessent dès que les premiers sous-mariniers apparaissent, abandonnant in extremis l'*U-Boot* désemparé qui coule peu après. Les 44 Allemands sont récupérés alors par les escorteurs britanniques et sauvés. L'*U-39* gagne le malheureux privilège d'être le premier *U-Boot* de la Seconde Guerre perdu au combat.

Dans le même temps, les équipages des trois Blackburn Skua du 803 *Naval Air Squadron* scrutent l'océan à la recherche du *Fanad Head* qui est repéré par l'avion du *Lt* Thurston. Le pilote descend rapidement au ras des flots afin d'examiner le cargo et découvre une scène surprenante avec des marins abandonnant leur bateau stoppé sous la surveillance d'un *U-Boot* grouillant d'hommes sur le pont et dans la baignoire. Le *Lt* Thurston enregistre la scène et prend une décision en une fraction de seconde, larguant au passage avec une précision digne d'éloges ses cinq bombes qui encadrent le sous-marin. Seules les petites Cooper B explosent et criblent d'éclats le pont de l'*U-30* et le bombardier britannique. Trois sous-mariniers de l'équipe d'abordage ont été blessés, le *1WO* Hinsch et le *Masch.* OGfr Ohse légèrement, mais le *Ma.Mt.* Schmidt très grièvement avec une artère de son avant-bras sectionnée. L'*Oblt.z.S.* Lemp ordonne une plongée d'urgence à -30 m. « *Untertauchen! Los! Los!* »[20]. Le son déchirant du klaxon ajoute à l'agitation alors que les valides aident les blessés à réintégrer le submersible qui s'enfonce rapidement. Dans la précipitation le bout reliant le dinghy de l'équipe de prise n'a pas été largué et ce dernier est à la traîne de l'*U-Boot* alors que l'*Oberbootsmaat* Hinisch reste à barboter en surface, oublié de ses camarades! Dans cette situation bien peu enviable, il est récupéré par les marins du *Fanad*

Le commandant dirige la manœuvre d'arraisonnement tandis qu'un officier scrute attentivement l'horizon pour pévenir de toute attaque ennemie.

Head qui voient dans l'intervention des aviateurs la fin de leur calvaire. Pourtant, ces derniers sont bien mal en point car leur appareil est en feu, réservoirs d'essence percés. Le *Lt* Thurston réussit tant bien que mal à amerrir dans une gerbe de flammes et d'écume. Il parvient à s'extraire du cockpit avec le PO Simpson et les deux hommes, gravement brûlés, décident de rejoindre à la nage le *Fanad Head* qu'ils aperçoivent assez loin. Pendant ce temps, les deux autres bombardiers volaient à quelques encablures, chacun dans son secteur assigné. Le *Lt* Hanson, l'observateur du A7A, avait aperçu le *Fanad Head*. Le *Lt Cdr* Farquharson Campbell vire et met le cap vers le navire quand il aperçoit les geysers soulevés par les bombes du A7M. Il pique et libère les 905 cv du moteur en étoile Bristol Perseus XII. La distance avec le but diminue rapidement et quelques minutes après il lui semble discerner le haut du kiosque d'un sous-marin et deux hommes nageant non loin. Fonçant sur l'objectif, il largue les quatre Cooper B puis vire afin de se représenter et se déleste de la bombe de 100 livres qui n'explose pas. Il s'avère qu'il s'est mépris et que l'objet qu'il a bombardé n'est que l'épave disloquée de l'avion du *Lt* Hanson qui tarde à couler. Il est d'ailleurs bien surpris de voir émerger soudainement l'*U-30* à proximité ! Fort heureusement pour le loup gris, l'avion ne peut plus faire grand mal car à court de bombes. Il ne lui reste plus que ses quatre mitrailleuses d'ailes de 7,7 mm et celle de l'observateur, autant dire des escopettes face à un morceau aussi résistant qu'un Type VII A. Le *Lt* Cdr Farquharson Campbell se rue néanmoins sur le sous-marin et l'arrose généreusement ce qui, à défaut de lui causer le moindre mal, va l'obliger à plonger à nouveau car le bruit des impacts des petites balles de 11,6 grammes s'écrasant méchamment sur les tôles épaisses ne laisse aucun doute sur la présence d'un représentant ailé du roi George VI. Mais avant de chercher l'abri des abysses, un des sous-mariniers coupe le bout reliant le dinghy à l'*U-Boot*. Le *Lt* Cdr Farquharson Campbell effectue ensuite un passage à basse altitude au-dessus des canots de sauvetage et le *Lt* Hanson envoie aux marins un message en morse à l'aide de sa lampe Aldis : « *Help comming* » [21]. À court de carburant et de munitions, le Blackburn Skua s'éloigne, cap sur le HMS *Ark Royal*. Sur l'océan assagi, des drames se jouent toujours. Le *Lt* Thurston a réussi à s'approcher du cargo mais il est seul car son camarade a disparu, victime du froid et de ses blessures. À bout de force, gravement brûlé, il sent qu'il ne va pas tarder à subir le même sort. Les sous-mariniers allemands de l'équipe de prise qui ne cessent de scruter la surface dans l'attente de voir apparaître leur bâtiment aperçoivent alors le pilote. Dans un élan d'héroïsme, et bien que blessé, le *Masch.* OGfr Ohse se jette à l'eau. Il parvient à nager jusqu'au *Lt* Thurston inanimé et le sauver. Quelques instants plus tard, l'*U-30* revient aux nouvelles. L'Oblt.z.S. Lemp est inquiet du devenir de ses hommes laissés en surface et souhaite les voir revenir rapidement à bord, en finir le plus vite possible avec ce vapeur de malheur et s'éloigner de cette zone devenue à ses yeux mal fréquentée. Alors que le sous-marin s'approche doucement du *Fanad Head*, le Blackburn Skua A7K du *Lt* Griffiths et du PO McKay pointe

Les sous-mariniers de l'*U-30* dans la baignoire inspectant les objets et denrées récupérés à bord du vapeur britannique *Fanad Head* le 14 septembre 1939.

(20) *Untertauchen!* : En plongée !

(21) *Help coming :* L'aide va arriver

son nez également vers le cargo. Le pilote vole au ras de flots et passe derrière la poupe afin de lire le nom du bateau et vérifier son identité. Il n'a aucune connaissance des événements qui ont précédé sa venue. Les marins anglais et les sous-mariniers allemands assistent alors médusés à une réédition de la première attaque. Le *Lt* Griffiths, découvrant subitement l'*U-Boot*, décide d'attaquer aussitôt et largue en une seule passe à très basse altitude la totalité de sa cargaison de bombes. Cette fois, toutes les bombes explosent et le souffle est tel que le moteur de l'avion est arraché de son bâti ainsi que la partie le prolongeant jusqu'au cockpit ! Déséquilibré et criblé d'éclats, le bombardier s'écrase violemment dans la mer. Le pilote réussit miraculeusement à s'extirper du cockpit mais le *PO* McKay reste prisonnier de l'appareil disloqué et l'accompagne au fond de l'Atlantique. Le *Lt* Griffiths rejoint en nageant le *Fanad Head* où l'attend une échelle de corde. Une fois à bord, il est bien étonné de se retrouver en face des sous-mariniers allemands de l'équipe de prise qui l'attendent de pied ferme, arme à la main. Il aperçoit également le *Lt* Thurston allongé sur le pont et mal en point. Son camarade a manifestement souffert et semble anéanti. L'*U-30* apparaît à nouveau et tente de se positionner le long du vapeur afin d'embarquer les deux Britanniques et les trois Allemands. Mais la manœuvre est délicate et, à la troisième tentative, l'étrave du sous-marin heurte violemment le bordé du *Fanad Head*. Le choc cause des avaries graves aux tubes lance-torpilles avant 1 et 2, les rendant inopérants. Un sous-marinier parlant anglais annonce aux pilotes qu'il faut sauter à l'eau car le commandant va torpiller le navire. Il en est de même pour les hommes de l'équipe de prise qui doivent suivre le même chemin s'ils souhaitent avoir une chance de revoir le pays. L'opération, bien que scabreuse, se déroule sans accrocs. Les cinq hommes sont tout juste sur le pont de l'*U-30* qu'un Fairy Swordfish en approche apparaît dans l'azur ! Devant l'imminence d'une attaque, les deux prisonniers sont expédiés sans ménagement et manu militari dans leur nouvelle demeure, les présentations passant au second plan. Une chance pour le loup gris, le biplan n'a plus de bombe car il l'a larguée auparavant sur une forme suspecte qui s'est avérée n'être qu'une ombre. Son pilote ne peut que mitrailler le submersible à l'aide de son unique mitrailleuse de capot de 7,7 mm et son observateur arrière prendre le relais lorsque le but est dépassé. Un fumigène de marquage est lancé, matériel toujours utile pour marquer une position et permettre aux collègues de trouver plus facilement le site. Mais qu'il s'agisse de bombes ou de mitrailleuses légères, il n'est décidément pas bon pour un *U-Boot* d'avoir un porte-avions de la Royal Navy dans les parages. Cette fois, l'*Oblt.z.S.* Lemp est bien décidé à écourter au plus vite ce qui ressemble de plus en plus à une mauvaise pièce de théâtre, spectacle dangereux pouvant se terminer en tragédie. « *Untertauchen !* » Après avoir parcouru environ 500 m, le commandant Lemp revient à l'immersion périscopique et lance une *G7a* par le tube

Le porte-aéronef HMS *Ark Royal*. Idem page suivante.

arrière. Il est 18 h 20, le *Fanad Head* tire sa révérence puis l'*U-30* s'éloigne silencieusement.

Environ une heure plus tard arrivent sur zone les *HMS Bedouin*, *HMS Punjabi* et *HMS Tartar*. Ce dernier reste sur place afin de récupérer les naufragés alors que les deux autres prennent en chasse l'*U-30* et ont la chance de le retrouver. Les deux destroyers déversent sans compter des dizaines de grenades anti-sous-marines. Durant plusieurs heures, les explosions se succèdent, certaines très proches. Les déflagrations secouent les plus endurcis, alors que les ondes de choc qui suivent brisent lampes et glaces des appareils de mesure, déstabilisant violemment l'*U-Boot*, le couchant, modifiant son assiette. Sa structure semble se tordre, des entrées d'eau sont signalées à plusieurs endroits. À l'intérieur du loup gris, on ne compte plus les plaies et les bosses. Les sous-mariniers sont à la peine, ils savent que les portes de l'enfer se sont ouvertes pour les recevoir et que leurs vies tiennent à bien peu de choses. Le *Lt* Thurston qui souffre de multiples brûlures est allongé sur l'une des couchettes que lui a cédé un des officiers de quart et un sous-marinier est en charge de l'y maintenir du mieux possible afin de lui éviter de bouger ou de chuter. Une importante entrée d'eau a lieu dans le compartiment arrière, la mer s'invitant par le tube lance-torpilles. Heureusement, les hommes réussissent de haute lutte à étancher le tube. Néanmoins, la quantité d'eau embarquée déséquilibre l'*U-Boot* et le *LI*. Eichelborn éprouve de plus en plus de difficultés à maintenir l'assiette du sous-marin. Il s'avère nécessaire de transférer une partie de l'eau vers l'avant afin d'harmoniser la répartition des poids. Une chaîne humaine se forme et, à l'aide de seaux, les sous-mariniers rétablissent temporairement l'équilibre si précaire de leur bâtiment. À l'intérieur du loup gris, on ne compte plus les plaies et les bosses. Par d'habiles manœuvres, *l'Oblt.z.S.* Lemp finit par semer ses poursuivants. À 22 h, il fait surface et se dirige vers le Nord. Les sous-mariniers ont eu leur compte d'émotion et peuvent enfin souffler !

Le commandant envoie un message au *FdU* pour présenter un rapport succinct et demander des instructions. La réponse arrive rapidement avec pour ordre de faire route sur l'Islande, officiellement neutre. Le 19, le loup gris arrive à Reykjavik. À 10 h, le *Ma.Mt.* Schmidt est transféré à bord du cargo allemand Hamm qui détache son troisième officier de quart pour le remplacer à bord de l'*U-30* qui reprend la mer à 14 h, cap sur l'Allemagne. La navigation n'est pas de tout repos car le sous-marin a bien souffert lors de sa rencontre avec les HMS *Bedouin* et HMS *Punjabi*. Un ballast est enfoncé, il y a toujours une entrée d'eau au niveau du tube

lance-torpilles arrière et à présent sur un des clapets d'échappement. De plus, l'eau embarquée dans le sous-marin s'est infiltrée dans les réservoirs d'huile et a pollué le précieux lubrifiant. La navigation est chaotique et une panne peut survenir à tout moment. Elle arrive le 27 alors que Wilhelmshaven est tout proche et l'*U-30* fait à 10 h une entrée remarquée dans le port derrière un remorqueur, trois *Tonnagewimpel* [22] accrochés au périscope. L'*Oblt.z.S.* Lemp va devoir se séparer de ses prisonniers. Dans le carré, il boit un dernier verre avec le *Lt Griffiths et le Lt Thurston qui va un peu mieux grâce aux soins reçus à bord du* Hamm à Reykjavik et tout au long de son séjour dans les entrailles de l'*U-30*. C'est dans cette situation que les hommes ayant mission de prendre en charge les deux pilotes le trouvent, discutant amicalement avec l'ennemi. Les jours qui suivent vont générer plus de tension car l'*Oblt.z.S.* Lemp va bientôt passer quelques mauvais moments à expliquer le torpillage de l'*Athenia*... Le *Bootsmannsmaat* Willi Brohm a lui l'esprit serein. Comme tous ses camarades, il est content de fouler victorieux le sol de sa patrie, satisfait d'avoir servi sans faillir, d'être sous les ordres d'un officier comme Fritz-Julius Lemp qu'il apprécie beaucoup et espère revoir bientôt ses proches. L'affaire de l'*Athenia* va se conclure bizarrement. À la demande du *FdU*, l'*Oblt.z.S.* Lemp falsifie le *KTB* [23] de *l'U-30* et signe une déclaration sous serment d'après laquelle il s'engage à ne rien mentionner à qui que ce soit de ce qui s'était passé le 3 septembre 1939 à bord de *l'U-30*. Tous les hommes présents en surface doivent également signer ce document. Et tous s'exécutent. L'enjeu est important et la moindre fuite serait particulièrement mauvaise pour l'image de marque du gouvernement allemand. La mansuétude du *FdU* vis-à-vis de l'officier fautif s'explique par le fait qu'il connaît bien l'arme sous-marine pour avoir servi en 14-18 et sait qu'une méprise est toujours possible. Une mauvaise visibilité

(22) *Tonnagewimpel* : petit pavillon triangulaire sur lequel figure le tonnage du bateau coulé.

(23) *KTB (Kriegstagebuch)* : livre de bord et journal de guerre.

associée au comportement étrange d'un objectif à la silhouette incertaine constitue un cocktail pouvant générer une bévue. C'est ce qui s'est passé avec l'*Athenia*. En plus, le *FdU* apprécie beaucoup Lemp qui a fait preuve de ses qualités de commandement lors de cette première patrouille où trois navires ont été coulés, deux avions détruits et deux pilotes ennemis faits prisonniers. Ce résultat a d'ailleurs valu au commandant la Croix de fer de 2e classe à son arrivée à Wilhelmshaven. Le 1er octobre Fritz-Julius Lemp est nommé *Kapitänleutnant* et Karl Dönitz *Konteradmiral*. Quelques jours plus tard, ce dernier devient également le *Befehlsahber der U-Boote* (24).

L'*U-30* a bien souffert lors de son périple guerrier et il est impératif de passer au chantier naval afin d'effectuer des réparations et une révision de fond en comble. Début décembre, l'*U-Boot* est enfin paré pour effectuer une nouvelle *Feindfahrt*. Le *BtsMt* Willi Brohm et ses camarades sont impatients de repartir au combat. La longue période d'inactivité passée à terre a chassé des esprits les mauvais moments endurés deux mois auparavant. Le *9* à 4 h, le sous-marin quitte Wilhelmshaven à destination de l'Atlantique Nord au large des côtes d'Irlande et de Grande-Bretagne. Le *11*, non loin de Stavanger, en Norvège, de sérieux problèmes moteurs l'obligent à rebrousser chemin et il retrouve son ponton deux jours plus tard. Il faut plusieurs jours de travail pour réparer. Le *23* l'*U-30* repart au combat. Il emporte 12 mines TMB magnétiques destinées à être mouillées par les tubes lance-torpilles aux abords du port de Liverpool. Sa dotation en torpilles s'en trouve réduite à six. Le *28*, alors qu'il termine de contourner le nord de l'Écosse et croise tôt le matin au large des Hébrides extérieures, les veilleurs aperçoivent un chalutier armé britannique patrouillant à environ 35 milles au Nord-Ouest de la pointe de Lewis. Il s'agit du HMS *Barbara Robertson*, aux ordres d'un réserviste, le capitaine G.W. Edgar. Le *Kplt.* Lemp décide de ne pas gaspiller une précieuse torpille pour cette cible et, après s'être approché, fait monter l'équipe de la pièce de 8,8 cm sur le pont. À 4 h, après quelques obus au but, le capitaine Edgar comprend qu'il ne pourra échapper à son destin, stoppe son bateau et ordonne l'évacuation. Il ne reste plus qu'aux canonniers de l'*U-30* d'achever le HMS *Barbara Robertson* en plaçant quelques projectiles sous la ligne de flottaison. Moins d'une heure après que le chalutier a fait son trou dans l'eau, le sous-marin rencontre le cargo suédois *Hispania*. Le *Kaleun* (25) donne la position des naufragés anglais et demande aux Suédois de se détourner pour les récupérer. Ils seront sauvés quelques heures après, mais par le destroyer HMS *Isis* (*Cdr* James Campbell Clouston) qui a été détaché un moment de son escadre. Car non loin de là croise quatre bâtiments de la *Royal Navy* de retour de mission. La petite flottille est constituée des cuirassés HMS *Repulse* (*Capt* Ernest John Spooner) et HMS *Barham* (*Capt* Harold Thomas Coulthard Walker) avec pour escorte les HMS *Isis* et HMS *Nubian* (*Cdr* Richard William Ravenhill). Elle est repérée par les veilleurs de l'*U-30* dans l'après-midi et la chasse est ouverte. Dans le sous-marin, c'est l'effervescence ! Le *Kplt.* Lemp navigue de façon à se placer au mieux pour lancer mais l'affaire n'est pas facile car les quatre bâtiments ennemis naviguent à grande vitesse, changeant parfois de cap. Le *Kaleun* désespère de réussir à se positionner et doit lancer avant que ces proies de choix que sont les navires de ligne ne s'échappent. À 15 h 45, une des *Aale* lancées par l'*U-30* touche le HMS *Barham* à bâbord, tuant quatre marins. La surprise est de taille sur le navire mais l'équipage réussit à arrêter la voie d'eau et le cuirassé continue à faire route, ralentissant à peine. À présent, il est impossible à l'*U-30* de rattraper l'escadre qui se dirige vers Liverpool toutes affaires cessantes ! Les sous-mariniers sont déçus mais leur action n'a pas été vaine car le HMS *Barham* va être immobilisé six mois au chantier Cammell Laird à Birkenhead et son absence va forcément peser sur les opérations menées par la *Royal Navy*.

Le loup gris navigue à présent vers le Sud, puis contourne l'Irlande et remonte le canal Saint George. Le *6 janvier* à 23 h, il se déleste discrètement de ses 12 TMB sur la ligne de fond des vingt m à quelques encablures du grand port de Liverpool où transitent des dizaines de bateaux de commerce. L'action a duré une heure et tout s'est parfaitement déroulé. Les œufs mortels de l'*U-30* ne vont pas tarder à s'exprimer et faire des ravages dans la flotte de commerce britannique... Alors que l'*U-Boot* s'en retourne, une première victime est annoncée le 11. En effet, le pétrolier de 7267 tonneaux *El Oso*, appartenant à la Lobitos Oil Fields Ltd. de Londres et dirigé par le capitaine Frank Herbert Simpson, déclenche à 11 h la mise à feu magnétique d'une TMB. Il sombre et trois morts sont à déplorer sur le coup alors qu'un quatrième décède des suites de ses blessures à l'hôpital. Cinq jours plus tard, c'est au tour du cargo de 5642 tonneaux *Gracia*, propriété de Donaldson Brothers Ltd à Glasgow, de faire connaissance avec les cadeaux généreusement dispensés par l'*U-30*. Cette fois, le bateau ne coule pas mais réussit à s'échouer. Fort heureusement aucune victime n'est à déplorer. Le lendemain à 17 h, le sort décide de jouer un mauvais tour au vapeur de 5494 tonneaux *Cairnross*, commandé par le capitaine Laurence Halcrow. Si aucun des 48 marins du bord n'a à souffrir de l'explosion

Willi Brohm a collé cette coupure de journal dans son album : « Un *U-Boot* revient à la maison après un long voyage ». © Heimdal

de la mine, la Cairns, Noble & Co Ltd. de Newcastle-upon-Tyne peut rayer ce bateau de ses effectifs. Le calme revient pendant quelque temps aux abords de la seconde ville de l'Empire britannique, place stratégique s'il en est, mais le 7 février à 6 h une énorme déflagration secoue le transport de passagers de 4305 tonneaux *Munster*, capitaine William James Paisley, et propriété de la Coast Lines Ltd. basée à Liverpool. À bord, point de panique. Le paquebot est mortellement atteint mais l'évacuation des 190 passagers et des 45 hommes d'équipage, commandant compris, s'effectue dans le calme. La terre est proche et le caboteur *Ringwall* est là pour assurer le sauvetage des infortunés. Le 9 dans la nuit, le vapeur de 5406 tonneaux *Chagres*, de la compagnie londonienne Elders & Fyffes Ltd, vogue tranquillement vers Liverpool avec 62 hommes à bord. Le capitaine Hugh Roberts pense que, dans quelques heures, il pourra décharger les 1500 tonnes de bananes transportées dans ses soutes. Mais à 1 h une des TBM de l'*U-30* se réveille et en décide autrement ! Deux marins disparaissent avec le *Chagres*, sept autres sont sévèrement blessés. La liste des pertes dues aux mines de l'*U-30* prend fin le 9 mars quand une dernière TMB envoie par le fond le cargo de 5068 tonneaux *Counsellor* de la Harrison T. & J. Ltd. de Liverpool, capitaine Harold Coates. Curieusement, les Britanniques n'ont pas réussi à sécuriser les abords du grand port et les dragages de mines se sont révélés d'une inefficacité navrante. La gêne occasionnée par les mines a été importante et la navigation stoppée à plusieurs reprises. L'*U-30* quant à lui avait rejoint Wilhelmshaven le 17 janvier à 17 h et, le lendemain, les décorations pleuvaient, dont la Croix de fer de 1re classe pour le *Kplt.* Lemp. Les pertes des Britanniques étaient notées par le *B-Dienst*[26] qui prévenaient le *BdU*, lequel bien entendu ne manquait pas d'en informer les commandants d'*U-Boote* ayant effectué des mouillages de mines et les créditaient de ces victoires a posteriori.

(24) *Befehlsahber der U-Boote* : forme contractée BdU, commandant en chef des sous-marins, fonction occupée par Karl Dönitz.

(25) *Kaleu, Kaleun, Kaleunt* : surnoms donnés par les équipages au commandant d'U-Boote portant le grade de Kapitänleutnant.

(26) *B-Dienst* : contraction de Beobachtungsdienst, département du service de renseignement de la Kriegsmarine, le Marinenachrichtendienst, spécialisé dans le décryptage et l'analyse des radiocommunications.

Ces photos ont été prises en retour d'opération – Ruhepause bis zum nächsten Sturm « avant le prochain assaut ». Nous sommes toujours sur l'U-30, mais en pleine guerre. Nous retrouvons la mascotte peinte sur le kiosque, le petit chien qualifié affectueusement « notre petite mascotte » – *unser Maskottschen*. Deux marins sont à quai dans le port de Wilhemshaven auquel ils sont rattachés, arborant fièrement sur leur tenue l'emblème avec le petit chien qui a été tissé pour eux. © Heimdal

Les hommes se reposent près de leur *U-30*, exhibant la pièce de Flak de 2 cm dans le *Wintergarten* du kiosque. Tous arborent sur leur pull l'emblème de la petite mascotte. © Heimdal

Le *11 mars* à 17 h l'*U-30* quitte à nouveau le grand port de Saxe pour la mer du Nord. Le *Kaleunt* est secondé par un nouveau *1WO*, l'*Oblt.z.S.* Eberhard Greger, qui remplace l'*Oblt.z.S.* Hinsch parti commander l'*U-4*. Son *2WO* est toujours le *Ltnt.z.S.* Bothe. Deux jours plus tard, alors qu'il navigue entre la Grande-Bretagne et la Norvège, un veilleur aperçoit un sous-marin. C'est un britannique, le HMS *Truant*! Un grand submersible de la classe T, long de 84 m, déplaçant 1090 tonnes en surface et 1575 t en plongée. Commandé par le *Lt.Cdr.* Christopher Haynes Hutchinson, il croise en surface et ses guetteurs n'ont pas décelé la présence de l'*U-Boot*. « *Untertauchen !* » Les hommes en place dans la baignoire du loup gris réintègrent précipitamment l'intérieur de leur cylindre d'acier, le commandant en dernier. « *Alles auf Gefechtsstation !* » [27]. Le *Kplt.* Lemp ordonne de se maintenir à l'immersion périscopique. Dans la *Zentrale* [28], les sous-mariniers responsables des barres de plongée ont les yeux rivés sur les indicateurs d'assiette et la colonne d'eau du *Papenberg*, appareil à l'allure de gros thermomètre qui donne la profondeur à laquelle se trouve le bâtiment à dix centim près. L'*U-30* remonte doucement et la voix du *LI.* Eichelborn annonce : « Immersion quatorze m ! ». Le *Kaleun* a pris place sur un petit siège dans le kiosque, la main droite empoignant le levier de commande à l'aide duquel il hisse le périscope d'attaque de façon à ce que sa tête crève le plus discrètement possible la surface. Il faut faire très vite car le sous-marin britannique file à plus de dix nœuds et représente une toute petite cible. « *Rohr ein... los ! Rohr zwei... los !* ». Deux *G7e* s'arrachent en sifflant de leurs tubes et se précipitent sur le HMS *Truant* ignorant le péril. La chance cette fois est du côté des Anglais qui prennent conscience du danger mortel auquel ils viennent d'échapper quand les torpilles en bout de course explosent. Les deux détonations éloignées sonnent telle une alarme à bord du sous-marin de la *Royal Navy* qui plonge sans tarder et disparaît précipitamment. La déception est grande pour les hommes de l'*U-30* mais ce n'est que le début de la patrouille et tous les espoirs sont permis.

Mais les milles s'égrènent et aucune opportunité de lancer ne se présente. La mer du Nord est désespérément vide, triste, et les conditions de navigation sont particulièrement dures. Le froid est omniprésent, les embruns fouettent sans répit les visages des hommes de quart et l'eau glacée finit toujours par s'infiltrer dans les vêtements. Décidément, la baignoire n'a

L'*U-30* en réfection à l'automne 1939 à Wilhelmshaven.

jamais aussi bien porté son nom ! Et les camarades à l'intérieur ne sont pas mieux lotis car l'*U-Boot* roule bord sur bord et tangue, son étrave se soulevant hors des flots puis retombant brutalement. Le mal de mer touche de nombreux sous-mariniers et l'atmosphère se charge de relents innommables. Seule la navigation sous-marine apporte le calme et permet de souffler un peu. Le *Kaleun* alterne ainsi marche en surface et courtes plongée afin de préserver l'équipage. Le *29*, le *Funkmaat* reçoit un message radio signalant qu'un hydravion Dornier 18 de la *2./KüFlGr 906* basé à Hörnum a dû amerrir à cause de problèmes de moteur et demande une assistance. Il s'agit du Do 18 G (862) qui patrouillait à la recherche d'un autre appareil disparu. L'*U-30* localise peu après l'hydravion et embarque les quatre aviateurs sains et saufs. Dans l'impossibilité de remorquer le Dornier 18 en panne, le *Kplt.* Lemp n'a que la solution de le couler à l'aide de l'artillerie du bord. Le *30* à 10 h, l'*U-Boot* retrouve son ponton à Wilhelmshaven. Les sous-mariniers sont éreintés par cette troisième patrouille qui n'a pas apporté les résultats escomptés et s'est révélée physiquement éprouvante.

La puissante industrie allemande est grosse consommatrice de minerai de fer dont la plus grosse partie provient de régions minières du nord de la Suède. Le transport s'effectue l'été par bateaux à partir du port de Luleå dans le golfe de Botnie. Mais l'hiver, ce port est complètement bloqué par la glace dont l'épaisseur atteint jusqu'à un mètre et le minerai transite alors par Narvik, en Norvège. Pour les Alliés, mettre en place un blocus maritime le long des côtes norvégiennes devrait permettre de gêner considérablement la production de matériel militaire du Reich. Le blocus maritime mis en place lors de la Première Guerre par la Grande-Bretagne avait démontré toute son efficacité et l'Amirauté britannique est partisane d'appliquer la même stratégie qui pourrait permettre d'asphyxier l'industrie allemande et d'éviter au final de trop s'engager militairement à terre. L'état-major allemand est lui aussi conscient de la fragilité de ses lignes d'approvisionnement à partir de la Scandinavie. Le *Großadmiral* Erich Raeder, commandant en chef de la *Kriegsmarine*, a présenté au *Führer* les avantages qu'il y aurait à occuper la Norvège avant que les Anglais ne s'y implantent. Car nul doute que ces derniers ont déjà échafaudé des plans en ce sens. Mais Hitler, qui n'a pas une juste vision stratégique, si tant est qu'il en a une, est resté insensible aux arguments du *GrAdm* Raeder. Pourtant, ce dernier a insisté non seulement sur l'aspect vital de sécurisation des lignes d'approvisionnement du minerai mais également sur l'intérêt qu'il y aurait de bénéficier des ports norvégiens pour mener des opérations contre la Grande-Bretagne. Mais le *Führer* reste sourd, de même que l'*Oberkommando des Heeres* (29), car les esprits sont axés sur les proches actions terrestres contre la France. Néanmoins, le temps passant, Hitler prend conscience des dangers à laisser le champ libre en Norvège aux Anglais et décide de prendre les devants. Il charge l'*Oberkommando der Wehrmacht* (29) d'étudier rapidement un plan destiné à envahir la Norvège et, dans la foulée, le petit royaume du Danemark. Le nom de l'opération est *Weserübung*. De leur côté, les Britanniques ne chôment pas et sont en train de préparer eux aussi l'invasion de la Norvège avec leur Opération R4 ! Les belligérants ont enfin compris l'importance stratégique de la Norvège et fournissent leurs armes. Début avril commencent les préliminaires. Si les bâtiments de surface de la *Kriegsmarine* appareillent le 7 à 2 h avec un corps expéditionnaire à destination de la Norvège, certains *U-Boote* sont partis quelques jours avant. Huit groupes prennent part à l'action :

- *Gruppe 1* : *U-25* (*Korvettenkapitän* Viktor Schütze), *U-46* (*Kplt.* Herbert Sohler), *U-51*- (*Kplt.* Dietrich Knorr), *U-64* (*Kplt.* Georg-Wilhelm Schulz), *U-65* (*Kplt.* Joachim Hoppe), zone d'opération fjords ouest –
- *Gruppe 2* : *U-30* et *U-34* (*Kplt.* Wilhelm Rollmann), zone d'opération Trondheim –
- *Gruppe 3* : *U-9* (*Oblt.z.S.* Wolfgang Lüth), *U-14* (*Oblt.z.S.* Herbert Wohlfarth), *U-56* (*Oblt.z.S.* Otto Harms), *U-60* (*Kplt.* Georg Schewe), *U-62* (*Kplt.* Hans-Bernhard Michalowski), zone d'opération Bergen –
- *Gruppe 4* : *U-1* (*Kplt.* Jürgen Deecke) et *U-4* (*Oblt.z.S.* Hans-Peter Hinsch), zone d'opération Stavanger –
- *Gruppe 5* : *U-47* (*Kplt.* Günther Prien), *U-48* (*Kplt* Herbert Schultze), *U-49* (*Kplt.* Kurt von Gossler), *U-50* (*Kplt.* Max-Hermann Bauer) et *U-52* (*Kplt.* Otto Salman), zone d'opération îles Shetland –
- *Gruppe 6* : *U-13* (*Oblt.z.S.* Max Schulte), *U-19* (*Kplt* Joachim Schepke), *U-57* (*Kplt.* Claus Korth), *U-58* (*Kplt.* Herbert Kuppisch) et *U-59* (*Oblt.z.S.* Harald Jürst), zone d'opération Pentland Firth, entre l'Écosse et les Orcades –
- *Gruppe 8* : *U-2* (*Kplt.* Helmut Rosenbaum), *U-3* (*Kplt.* Gerd Schreiber), *U-5* (*Kplt.* Heinrich Lehmann-Willenbrock) et *U-6* (*Oblt.z.S.* Adalbert Schnee), zone d'opération Lindness *Gruppe 9* : *U-7* (*Kplt.* Karl Schrott) et *U-10* (*Oblt.z.S.*Joachim Preuss), zone d'opération Shetland/Orcades.

Chaque commandant d'*U-Boot* a une enveloppe scellée dans laquelle attendent ses ordres de mission. Il ne doit l'ouvrir qu'à réception du message radio indiquant le mot de code *Hartmut*. L'*U-30* a quitté Wilhelmshaven le *3* à

(27) *Alles auf Gefechtsstation!* : Aux postes de combat !

(28) *Zentrale* : Poste central, endroit névralgique d'un sous-marin regroupant le plus souvent table à cartes, postes de barres et périscopes.

(29) *Oberkommando des Heeres (OKH)* : Commandement de l'armée de terre.
Oberkommando der Wehrmacht (OKW) : Commandement suprême des forces armées allemandes. L'OKW contrôle les trois armes et leurs commandements respectifs : *Oberkommando des Heeres (OKH)* pour l'armée de terre, *Oberkommando der Luftwaffe (OKL)* pour l'armée de l'air et *Oberkommando der Marine (OKM)* pour la marine.

13 h, cap au Nord. À la réception du message le *Kplt.* Lemp ouvre l'enveloppe et se dirige alors sur Trondheim. Durant plusieurs jours, les Alliés vont affronter les Allemands sur terre, sur la mer et dans les airs. Les *U-Boote* vont avoir plusieurs occasions de lancer, et sur de bien jolis buts. Hélas pour eux, les torpilles à mise à feu magnétiques ne sont pas au point et plusieurs explosent prématurément, au grand désespoir des sous-mariniers. La *Royal Navy* bénéficie ainsi d'une chance inouïe ! L'*U-30* patrouille longtemps aux abords de Throndheim mais aucune occasion de lancer ne se présente alors que plusieurs de ses camarades bénéficient d'opportunités de lancer quelques *Aale*.

Le sous-marin rejoint son port d'attache le *4 mai* à 15 h, aucun pavillon de victoire accroché à son périscope. Le *7*, l'équipage amène l'*U-30* à Hambourg où les ouvriers du chantier Howaldtswerke AG vont lui faire subir une cure de jouvence. Le *3 juin*, le submersible en a terminé avec sa révision. Il est revenu à Wilhelmshaven et est fin prêt pour de nouvelles aventures guerrières.

Le 8 juin à 12 h, l'*U-30* s'écarte doucement du quai. Cette fois sa destination est bien différente des précédentes car il va patrouiller du sud de l'Irlande au nord de La Corogne. La route est longue pour atteindre ce secteur. L'*U-Boot* passe tout d'abord entre la Grande-Bretagne et la Norvège, remontant vers le Nord. Le *11*, il bascule sur le Sud-Ouest, passant entre les Shetlands et les îles Féroé afin de rester à la limite du rayon d'action des avions du *Coastal Command* de la *Royal Air Force* qui occupent le ciel en permanence, traquant sans relâche les loups gris. Deux jours plus tard, il croise au nord de l'Irlande puis se dirige vers le sud-sud-ouest, longeant l'île des Celtes. Le 16, il opère très au large de la Bretagne. Les milles défilent sous sa coque, les mornes journées également car aucun bateau ennemi ne croise sa route. La monotonie s'installe.

Heureusement, un message du *BdU* vient apporter un peu d'action. L'*U-30* doit intégrer la meute Prien qui a été constituée depuis le 12 et comprend les *U-25* (*KKpt.* Heinz Beduhn), *U-28* (*Oblt.z.S.* Friedrich Guggenberger), *U-32* (*Oblt.z.S.* Hans Jenisch), *U-38* (*Kplt.* Heinrich Liebe), *U-47* (*Kplt.* Günther Prien) et *U-51* (*Kplt.* Dietrich Knorr). Le 17, la meute *Prien* est dissoute et l'*U-30* retrouve sa liberté d'action, chassant en solitaire. Il va renouer avec la victoire le 20 quand sont aperçus des panaches de fumée signalant la présence de deux bateaux, l'*Andalusian* et l'*Otterpool*. Il s'agit de deux traînards du convoi HG-34F parti le 13 de Gibraltar et qui comprend 23 navires marchands et 4 escorteurs. La visibilité est mauvaise, la mer agitée, et la première attaque rate ! Le *Kaleunt* peste contre ses torpilles qui semblent être la cause de cet insuccès et revient à la charge, jetant son dévolu sur ce qui lui semble être le plus beau morceau et le mieux placé, en l'occurrence le vapeur de 4876 tonneaux *Otterpool* de la compagnie Sir R. Ropner & Co Ltd basée à West Hartlepool, citée portuaire du comté de Durham sur la côte Est de l'Angleterre. Le capitaine Thomas Prince a la responsabilité de conduire à bon port le cargo avec l'aide des 38 hommes du bord. Partie de Bône [30], en Algérie, l'*Otterpool* transporte dans ses cales 8180 tonnes de fer à destination de Middlesbrough, ville industrielle sur la rivière Tees. À travers les lentilles de l'*Angriffs-Sehrohr* le *Kplt.* Lemp observe à nouveau ce vapeur esseulé aux dimensions alléchantes avec ses 122,7 m de long et ses 16,9 m de large. Il est bas sur l'eau, donc en charge, et se déplace lentement. Il décide néanmoins de se rapprocher au plus près car la visibilité est vraiment médiocre. À 21 h 42, une torpille touche le cargo britannique ! La puissance de la déflagration est ressentie jusque dans le sous-marin. L'*Otterpool* sombre, emportant avec lui 23 hommes, dont le capitaine Prince. À bord de l'*U-30* on jubile, même si tous ont une pensée pour les malheureux marins du vapeur disparu ! Et le *Kplt.* Lemp n'est pas le dernier à éprouver un sentiment pénible, lui qui responsable de ce drame. La guerre continue et le loup gris s'éloigne à la poursuite d'autres gibiers. Il ne faut pas attendre bien longtemps pour faire une nouvelle rencontre. Le *22*, l'*U-30* croise la route du cargo norvégien de 3999 tonneaux *Randsfjord, capitaine* Halvor Pedersen. C'est un bateau moderne lancé le 9 décembre 1936, long de 124,1 m et large de 16,9 m. Deux moteurs diesels 7 cylindres 2 S.C.S.A. Burmeister & Wain développant 945 ch animent deux hélices et lui assurent une vitesse maximale de 16 nœuds. Le *Randsfjord* navigue normalement au sein du gros convoi HX49, parti d'Halifax le 9 juin et qui regroupe 50 navires marchands et 5 escorteurs. Dans ses cales, 6740 tonnes de marchandises diverses, dont 77 tonnes de munitions et 6 avions, doivent être débarquées à Liverpool. La veille au soir, le torpillage du *San Fernando* en plein milieu du convoi a incité le *Captain* Lachlan Donald Ian Mackinnon, qui dirige le *HX49* à bord de l'*Eurybates*, d'ordonner sa dispersion. Le *Captain* Mackinnon était *Vice admiral* avant la guerre et a rejoint la réserve dès le début des hostilités avec un grade inférieur. Avec sa grande vitesse, le *Randsfjord* s'est éloigné rapidement mais le capitaine Pedersen a ensuite réduit l'allure afin de revenir se positionner derrière le navire amiral de façon à pouvoir suivre les manœuvres. Voyant cela et conscient de son erreur de jugement, le *Captain* Mackinnon lui ordonne de faire route à nouveau de toute la puissance de ses moteurs. Trop tard ! À 1 h 58 une *G7a* provenant de l'*U-30* met fin à la carrière du *Randsfjord* en explosant sur son flanc bâbord au niveau du château. Le canot de sauvetage du côté de l'impact a été détruit et les marins ont beaucoup de difficulté à mettre le second canot à l'eau à cause de la vitesse du cargo dont les moteurs n'ont pas été arrêtés. Quand ils réussissent enfin, plusieurs ont préféré se jeter à la mer. On compte 29 survivants et 3 disparus, dont le capitaine Pedersen. « *Auftauchen !* » L'*U-30* apparaît dans un ruissellement d'écume et s'approche doucement des naufragés qui discernent dans l'obscurité l'approche inquiétante du Léviathan d'acier. Mais le *Kplt.* Lemp vient seulement prendre de leurs nouvelles, les interroge un peu et leur donne une bouteille d'alcool. La conversation prend fin brutalement avec l'approche de deux escorteurs. Un mot d'adieu, un geste de la main et le loup gris s'éloigne machines en avant toute, tel un rêve évanescent.

Il a rendez-vous le 25 à Ferrol, en Espagne, avec le navire ravitailleur *Max Albrecht* afin de s'approvisionner en carburant, eau douce et provisions de bouche. L'action est rondement menée et l'*U-Boot* reprend la mer le lendemain. Dans la journée du 27, ses guetteurs aperçoivent un bateau isolé. C'est le vapeur britannique de 5053 tonneaux *Llanarth*, capitaine John James Perry, et propriété de Evan Thomas, Radcliffe & Co Ltd., à Cardiff. Le cargo en provenance de Melbourne doit décharger une partie de sa cargaison à Leith, zone portuaire d'Édimbourg, puis à Aberdeen, plus au Nord. Peu avant 17 h, le *Kplt.* Lemp lance deux torpilles qui ratent leur but, trop éloigné. Il préfère patienter un peu et attendre la nuit pour attaquer. L'obscurité dissimulera alors l'*U-Boot* s'approchant en surface. À 2 h 02, une torpille touche le *Llanarth* et l'immobilise. La mer pénètre à gros bouillon dans la cale du cargo qui transporte 7980 tonnes de farine, une quantité considérable. Cette dernière gonfle au contact de l'eau et ralentit quelque peu le flot qui s'engouffre dans la cale touchée mais les dégâts sont considérables et, malgré les efforts des courageux marins anglais, le *Llanarth* finit par couler au bout de deux heures et demie de lutte acharnée pour essayer de le sauver. Heureusement aucune victime n'est à déplorer, les 35 hommes à bord ayant pu prendre place dans les deux chaloupes de sauvetage.

Le 30 juin, l'*U-43* du *Kplt.* Wilhelm Ambrosius en maraude croise la route du convoi SL-36, impressionnante armada ayant quitté le 15 Freetown à destination de Liverpool. Il y a une soixantaine de bateaux marchands. Fait incroyable, la protection est quasiment inexistante au départ. Elle est en fait assurée par le HMS *Dunvegan Castle* (Captain Hubert Ardill), un paquebot transformé en croiseur auxiliaire et incapable de mener une quelconque action anti-sous-marine, et le sloop HMS *Fowey* (Commander Henry Bramhall Ellison), faiblement armé et bien seul. Mais il est prévu que d'autres escorteurs viendront à la rencontre du convoi par la suite. L'Amirauté britannique compte que la chance accompagnera le SL-36 durant la plus grande partie du périple, les *U-Boote* croisant à des latitudes plus élevées que les côtes africaines. Les prévisions des stratèges de la Royal Navy s'avèrent justes. Mais lorsque le convoi arrive au large de la France, quelques loups gris vont prendre leur dîme au passage. Quand l'*U-43* repère le SL-36, son commandant informe immédiatement le *BdU* qui rameute les loups gris patrouillant dans les parages. Il donne également au *Kplt.* Ambrosius l'autorisation d'attaquer sans attendre l'arrivée des autres sous-marins. Le 30 juin à 22 h 27, il attaque un des plus grands navires du convoi et le touche durement. Il s'agit de l'imposant cargo britannique de 13 376 tonneaux *Avelona Star* de la Blue Star Line Ltd., capitaine George Hernest Hopper. En plus de ses dimensions hors norme, 155,5 m de long et 20,8 m de large, de sa cargaison constituée de 5630 tonnes viande congelée et de 1000 tonnes d'oranges, l'*Avelona Star* a une originalité : il transporte le Commodore, c'est-à-dire le responsable du convoi, le *Rear-Admiral* Colin Alfred Molyneux Sarel ! Le *Beignon*, un cargo récent de 5218 tonneaux commandé par le capitaine William John Croome, stoppe et porte assistance aux naufragés car l'*Avelona Star* est condamné. Un homme est porté disparu mais les 84 autres personnes à bord du vapeur sont sauvées et embarquent à bord du Beignon, portant l'effectif à 117. Quelques heures plus tard, c'est au tour de l'*U-30* de passer à l'attaque à 0 h 23. Mais celle-ci échoue. Le *Kplt.* Lemp se rattrape à 4 h en envoyant par le fond le... *Beignon* ! Avec lui disparaissent 8816 tonnes de blé mais aussi trois hommes d'équipage et trois anciens de l'*Avelona Star* qui n'auront eu qu'un bref répit avant de passer de vie à trépas. Les survivants sont alors sauvés par les HMS *Vesper* (*Lt* Cdr William Frederick Eyre Hussey) et HMS *Windsor* (*Lt* Cdr Peter Douglas Herbert Raymond Pelly). Deux autres bateaux du SL-36 ont maille à partir avec les loups gris du *BdU*, le *Clan Ogilvy* de 5802 tonneaux, avarié par l'*U-65* du *Kplt.* Hans-Gerrit von Stockhausen, et le Clearton de 5219 tonneaux, capitaine John Edward Elsdon, coulé par l'*U-102* du *Kplt.* Harro von Klot-Heydenfeldt. Son équipage n'a pas l'occasion de fêter cette victoire car l'*U-Boot* est détecté peu après par le destroyer HMS *Vansittart* (*Lt Cdr* Walter Evershed) qui le grenade et le coule. L'*U-102*

(30) Bône : à présent Annaba.

Le 30 août 1940, le *Kplt.* Lemp reçoit des mains de Dönitz le *Ritterkreuz des Eisernen Kreuzes*, la croix de chevalier de la croix de fer. L'ambiance est détendue et, comme ses hommes, il a sur la tête un béret britannique.

effectue alors sa dernière plongée, emportant à jamais dans ses flancs ses 43 sous-mariniers.

La guerre continue pour l'*U-30* dont les veilleurs n'ont de cesse de scruter l'horizon à la recherche d'une nouvelle proie. Celle-ci apparaît le 6 juillet à 8 h avec le vapeur égyptien de 3154 tonneaux *Angele Mabro* de la compagnie Tewfick Mabro d'Alexandrie. Le capitaine Alexander Kilikas qui commande le vieux cargo poussif et fatigué doit livrer à Cardiff plus de 4000 tonnes de minerai de fer chargé à Bilbao. Il compte sur sa qualité de neutre pour éviter tout problème avec les sous-marins allemands qui commencent à faire parler d'eux de plus en plus souvent. Mais le *Kaleunt* de l'*U-30* ne pense pas de même face à ce bateau en charge se dirigeant vers le Nord et il décide de le torpiller. À 8 h 30, une *Aal* explose en plein milieu du flanc bâbord du vénérable *Angele Mabro* qui sombre si rapidement qu'aucun membre d'équipage n'en réchappe. Le lendemain, l'*U-30* arrive victorieux à Lorient à 8 h. Il est ainsi le premier *U-Boot* à pénétrer dans un port français. La France vaincue est à présent en partie occupée et le *BdU* bénéficie maintenant d'un accès direct à l'Atlantique. La guerre maritime va prendre un nouveau départ et la *U-Boot*waffe monter en puissance.

Après une révision, l'*U-30* appareille du port morbihannais le 13 juillet à 21 h pour sa sixième Feindfahrt, cap au Sud-Ouest. Le 16, il oblique vers le Sud afin de longer le Portugal en se maintenant au large et descendre jusqu'à Gibraltar. Le 19, il est à la latitude du détroit de Gibraltar et un vapeur est repéré. L'*U-30* fait route machines en avant toute pour l'intercepter mais un problème mécanique grave survient brutalement et touche le moteur diesel tribord : la base d'un piston s'est fendue et des morceaux de la jupe sont tombés dans le carter. Les vibrations sont telles que les fixations du moteur au bâti ont cédé ! Continuant sur son diesel bâbord, le loup gris finit par rejoindre le cargo qui s'avère être le portugais *Corvo*, donc neutre. Le *Kaleunt* informe ensuite le *BdU* des problèmes mécaniques et reçoit l'ordre de rentrer.

Le *21*, alors qu'il remonte sur son unique moteur vers la Bretagne et se trouve presque à la latitude du cap Finisterre, en Espagne, les veilleurs aperçoivent un petit cargo naviguant vers le Nord. Il s'agit du caboteur britannique de 712 tonneaux *Ellaroy*, long de 59,3 m, large de 9,2 m et appartenant à B.J. Morgan & Co, de Glasgow. Les marins à son bord ont repéré l'inquiétant sous-marin se dirigeant vers eux, son étrave ornée d'une moustache d'écume. Le capitaine Thomas Grafton Smith et ses 15 hommes d'équipage savent qu'ils n'ont aucune chance de semer un *U-Boot* avec la vieille machine à vapeur qui anime leur bateau. Elle a beau être à triple expansion, il est probable que, depuis 1905, date de construction de l'*Ellaroy*, les 99 ch des débuts ne sont plus au rendez-vous. Même sur un moteur, l'*U-30* est capable de rattraper le lent cargo parti de Lisbonne pour Newton, au pays de Galle. À 16 h, le *Kplt.* Lemp fait monter sur le pont avant l'équipe de la pièce de 8,8 cm et le *Ltnt.z.S.* Bothe dirige le tir. Le premier obus qui explose devant l'étrave du petit caboteur suffit à annihiler tout désir de résistance dans l'esprit des marins britanniques. Les jeux sont faits, le capitaine Smith stoppe son bateau et le fait évacuer alors qu'une équipe de prise monte à bord afin de faire main basse sur des vivres intéressants et des documents. À 22 h 39, une torpille envoie par le fond l'*Ellaroy* et ses 800 tonnes de traverses de pin destinées à étayer les mines de charbon galloises. Le loup gris arrive le 24 à 8 h à Lorient, sa mission écourtée à cause d'une panne mécanique mais un fanion de victoire ornant néanmoins le périscope.

Le 30 août 1940, de retour à Kiel, le *Kplt.* Lemp discute sur le *Wintergarten* de l'*U-30* avec le *Konteradmiral* Dönitz.

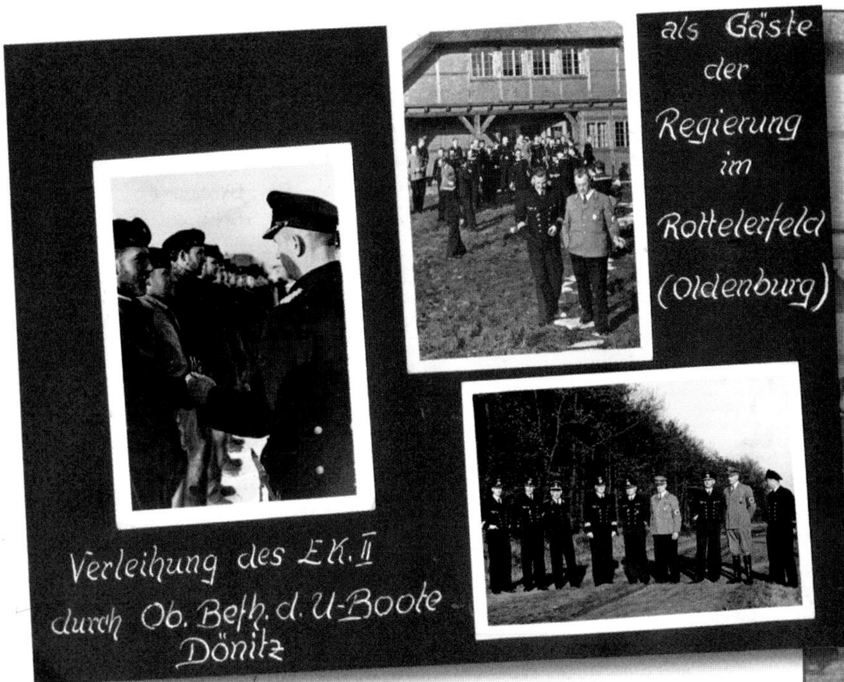

Cette nouvelle planche nous montre l'équipage reçu, en tant « qu'invités du régime », dans un foyer construit en style local, à Rottelerfeld, dans l'Oldenburg. Là, ils sont accueillis par des officiers supérieurs de la *Kriegsmarine*, et l'amiral Dönitz parmi eux, et par quelques cadres du parti. À cette occasion, l'amiral Dönitz remet des croix de fer de Ire et IIe classe à des sous-mariniers de l'U-30. © Heimdal

Cette photo nous montre les conditions d'engagement particulièrement dures dans la « Mer de Glace ».

Les techniciens et ouvriers en charge de réparer le moteur diesel tribord en panne font preuve de célérité et d'efficacité. Début août, l'*U-30* est fin prêt à repartir. Il appareille le 5 août à 21 h pour sa septième mission. Après avoir fait route plein Ouest, le sous-marin remonte vers le Nord afin de rejoindre son secteur d'opération au nord-ouest de l'Irlande. Le 9 dans la soirée, un grand cargo est aperçu faisant route à vitesse soutenue. Avec ses 132,9 m de long, ses 17 m de large et ses 7150 tonneaux, le *Canton* est une belle cible. Par contre, il bat pavillon suédois car exploité par la Svenska Ostasiatiska Kompaniet A/B de Göteborg ! Néanmoins, vu le cap suivi, nul doute que sa destination est la Grande-Bretagne. Effectivement, il a quitté Calcutta, relâché à Freetown et transporte 3000 tonnes de fonte, 2700 tonnes de graines de lin, 1152 tonnes de marchandises diverses et 1034 tonnes de toile de jute qu'il doit débarquer à Liverpool. Seul maître à bord après Dieu, un bourlingueur de 52 ans, le capitaine Bror Gustaf Torsell est aidé dans sa tâche par un équipage de 31 marins. Mais son expérience et le drapeau de la couronne suédoise ne pèsent guère face à un prédateur animé de mauvaises intentions comme l'*U-30*. À 20 h 32, une *G7e* scelle le sort du *Canton* qui disparaît à jamais avec 16 hommes, dont le capitaine Torsell. Le *Kaleunt* décide d'explorer la zone plus à l'Ouest. À l'occasion de cette 18e victoire le *Konteradmiral* Dönitz décore le *Kplt.* Lemp le 14 août de la croix de chevalier de la croix de fer, le fameux *Ritterkreuz des Eisernen Kreuzes*. La mer étant désespérément vide, le Kaleunt décide de remonter vers le Nord-Nord-Ouest. L'idée s'avère bonne car, deux jours plus tard, un panache de fumée sombre est repéré. Il signe la présence du vapeur britannique de 6628 tonneaux *Clan Macphee*, capitaine Thomas Philip Butler Cranwill. La Clan Line Steamers Ltd, dirigée par Cayzer, Irvine & Co Ltd, propriétaire de ce bateau, est l'une des plus importantes entreprises de transport maritime au monde. Le cargo navigue dans le gros convoi OB-197 parti de Liverpool le 13 et qui comprend 53 bateaux de commerce. Le *Clan Macphee* transporte 6700 tonnes de marchandises variées à destination de Bombay. Mais il ne verra pas les côtes de Malabar car, à 19 h 32, une *G7e* lancée par l'*U-30* l'efface de la surface de la mer ainsi que 67 hommes d'équipage, dont le capitaine Cranwill. Le vapeur hongrois *Kelet* vient à la rescousse peu après et récupère 41 survivants. Le loup gris patrouille activement dans la zone plusieurs jours, en vain. Le 22, il entame la route du retour et fait halte à Heligoland le 27 afin d'effectuer des réparations mineures. Il quitte l'île mythique de la *U-Bootwaffe* le 29 en compagnie de l'*U-A* du *Kplt.* Hans Cohausz puis le quitte afin d'emprunter à Brunsbüttel le Kaiser Wilhelm Kanal [31] qui relie la mer du Nord à la Baltique car il doit se rendre à Kiel qui est atteint le 30 à 10 h. L'*U-Boot* et son équipage sont accueillis en héros car le *Kplt.* Lemp a fait l'objet d'un article élogieux dans le journal *Westdeutsche Beobachter* du 22 août alors qu'une émission sur la radio nationale *Großdeutscher Rundfunk* a évoqué également l'*U-30*, son commandant et son équipage. Le *2 octobre*, le *Kplt.* Lemp et son équipage sont reçus par Dönitz, à présent *Vizeadmiral*, qui ne manque pas une occasion pour rencontrer ses sous-mariniers. Est présent aussi le *KKpt.* Werner Hartmann, ancien commandant de l'*U-37* détaché auprès du *BdU*.

(31) Le Kaiser Wilhelm Kanal a été renommé Nord-Ostsee-Kanal en 1948.

IV • LA TRAGÉDIE DE L'*U-110*

En cet automne 1940, l'Europe marche depuis plusieurs mois au pas de l'oie et écoute en cachette la BBC car seule la Grande-Bretagne résiste bravement à l'ogre nazi. La ***Royal Air Force*** réussit même à infliger de sérieux revers depuis août à une ***Luftwaffe*** conquérante mais à présent quelque peu freinée dans ses prétentions. Le Royaume-Uni peut s'appuyer sur son vaste empire, les dominions et quelques courageux aviateurs, fantassins, marins, hommes et femmes de pays meurtris par les armées du ***Reich*** et qui ont rejoint la Blanche Albion pour continuer la lutte. Le roi George et son impétueux premier ministre Winston Churchill, personnage hors du commun capable de galvaniser son peuple, peuvent aussi compter sur une flotte marchande et militaire de tout premier ordre. La ***Royal Navy*** est maitresse sur mer et la Kriegsmarine n'est pas en mesure de lui contester cette position. Mais elle espère mener à bien une stratégie de blocus maritime destinée à étouffer l'effort de guerre britannique en coupant ses approvisionnements en matières premières et hydrocarbures et, accessoirement, saper le moral de la population civile. Pour ce faire, l'Allemagne dispose des ***U-Boote***. De son côté, la Grande-Bretagne a su également tirer les leçons de ce conflit et, dès le début des hostilités, a privilégié le système d'approvisionnement sur mer par convois qui a fait ses preuves une vingtaine d'années auparavant. Si les sous-marins allemands ont techniquement relativement peu évolué par rapport à leurs prédécesseurs de 14-18 qui étaient en avance sur leur temps, il n'en est pas de même des systèmes britanniques de lutte anti-sous-marine. La détection acoustique en particulier a bénéficié de nouvelles avancées technologiques générant des hydrophones performants et surtout l'***Asdic*** (32), fabuleux outil capable de fouiller le fond des océans et détecter un submersible en maraude. En surface, les progrès n'ont pas été en reste et un appareil étonnant a vu le jour : le Radar (33), instrument permettant de détecter à distance des masses métalliques et les situer dans l'espace. Les Allemands ne le savent pas encore mais ces deux appareils, associés aux avions du ***Coastal Command***, vont donner beaucoup de soucis à la ***U-Bootwaffe*** et causer bien des drames.

En Allemagne, la vie suit son cours et la guerre semble loin pour la population civile. Mais les soldats savent qu'elle est loin d'être terminée, surtout pour les aviateurs et sous-mariniers qui sont aux premières loges. L'*U-30* subit une grande révision mais son statut reste incertain (34). Celui du *Kplt.* Lemp est quant à lui bien défini car il va recevoir bientôt un nouveau sous-marin afin d'aller taquiner à nouveau les Britanniques. En effet, le 21 novembre, il prend officiellement le commandement de l'*U-110*, un Type IX B qui a été commandé le 24 mai 1938 aux chantiers Deschimag AG Weser à Brême. Sa construction a démarré le 1er février 1940 et sa mise à l'eau a eu lieu le 25 août. Il s'agit d'un grand sous-marin océanique devant assurer des missions éloignées et de longues durées. D'une longueur totale de 76,50 m pour une largeur de 6,76 m et un tirant d'eau de 4,70 m. La coque épaisse d'un diamètre de 4,40 m permet de naviguer à une profondeur opérationnelle de -100 m et maximale de -200 m. Le déplacement en surface est de 1051 t pour 1178 t en plongée, avec une réserve de flottabilité de 121 t. La motorisation est assurée par deux moteurs diesel MAN 4 temps suralimentés 9 cylindres MV9 40/46 développant chacun 2200 ch et deux moteurs électriques SSW 2 GU 345/34 développant chacun 500 ch. Deux hélices de 1,92 m de diamètre procurent une vitesse maximale en surface de 18,2 nœuds et de 7,3 nœuds en immersion. L'autonomie en navigation de surface est de 3800 milles à 18,2 nœuds, 12 000 milles à 10 nœuds et 12 400 milles à 10 nœuds avec utilisation associée des deux moteurs électriques. En plongée, l'autonomie est de 78 milles à 4 nœuds. La capacité normale de carburant est de 165 tonnes de gasoil. L'armement est constitué d'un canon de pont avant de 10,5 cm Utof L/45 approvisionné à 180 coups, d'un canon automatique de 3,7 cm SK C/30 approvisionné à 2625 coups et d'un canon automatique de 2 cm approvisionné à 4000 coups et placé sur la plateforme prolongeant la baignoire. À la poupe sont placés 4 tubes lance-torpilles de 53,3 cm alors que la poupe en accueille 2 autres. Le Type IX B emporte 22 torpilles mais peut également embarquer des mines largables via les tubes, soit 44 TMA à mise à feu par contact soit 66

(32) ASDIC : acronyme d'*Anti-Submarine Detection Investigation Committee*. Il s'agit du premier appareil de détection sous-marine par ultrasons développé par les Alliés à la fin de la Première Guerre mondiale puis mis au point par la *Royal Navy*. Nommé SONAR, acronyme de *Sound Navigation And Ranging*, aux États-Unis et dans la plupart des pays. Il semblerait que le premier sous-marin ainsi détecté puis détruit fut le *U-3* allemand en Manche.

(33) RADAR : acronyme de *Radio Detection And Ranging*. Système électronique utilisé pour détecter la présence et déterminer la distance d'un bateau en surface par l'émission d'ondes radio à haute fréquence qui, réfléchies, retournent des échos.

(34) L'*U-30* sera affecté le 1er décembre à la *24.U-Flottille* d'entraînement de Memel afin de servir à la formation des équipages.

Cette planche, intitulée « Avec l'*U-110* dans la Mer de Glace », avec les commentaires « Le brise-glace *Schlesien*, le *MG* chargé de glace », puis, pour les photos du bas, « Le pont supérieur est à dégager de la glace par tous les moyens. » © Heimdal

Ces photos mous montrent la glace encombrant le pont et les tenues utilisées par les sous-mariniers par grands froids. © Heimdal

TMB plus modernes à mise à feu magnétique. Il faut 35 secondes à un type IX B pour plonger et disparaître sous les flots. L'équipage normal est de 48 hommes, dont 4 officiers. L'*U-110* est affecté à la *2.U-Flottille* de Lorient dirigée par le *KKpt.* Heinz Fischer. Fait assez rare, le *Kplt.* Lemp a réussi à se faire accompagner par la plus grande partie des hommes qui formaient son précédent équipage sur l'*U-30*. Son *1WO* est toujours l'*Oblt.z.S.* Eberhard Greger alors que le *2WO* est l'*Oblt.z.S.* Dietrich Loewe et le *3WO* le *Ltnt.z.S.* Ulrich-Walter Wehrhöfer.

Mais avant d'aller chasser sur le terrain de la *Royal Navy* il est nécessaire de passer par un cycle d'entraînements et tests dans la Baltique qui démarre le 22 novembre et se termine à Pillau [35] le 28 février 1941. L'*U-110* effectue des passages à l'UAK [36], puis au TEK [37] et termine par l'AGRU-Front [38]. Normalement, durant cette période, les exercices de torpillage, de canonnage et de formation tactique sont menés tambours battants. Mais le froid extrême et la glace ont empêché la tenue de cette étape ô combien importante ! De plus, des problèmes techniques importants touchant le périscope d'attaque et des défauts sur les moteurs diesels et électriques sont apparus, obligeant l'*U-Boot* a être immobilisé de longues périodes au chantier naval. Afin de pouvoir continuer l'instruction, les sous-mariniers ont été affectés sur d'autres unités. Néanmoins, le 1er mars 1941, l'*U-110* est déclaré bon pour le service actif et retourne à Kiel le 4 mars afin de procéder aux préparatifs pour sa première patrouille. Le 8, ses soutes sont pleines de gasoil, quantités de victuailles encombrent le moindre recoin à l'intérieur, et 14 torpilles *G7a* TI et *G7e* TII sont en attente de semer la désolation. Chacune emporte dans sa tête 280 kg de *Schießwolle 36*, un explosif extrêmement puissant composé de 67 % de trinitrotoluène, 25 % d'aluminium et 8 % d'hexanitrodiphénylamine. C'est un mélange redoutable mais également très stable, caractéristique rassurante pour les utilisateurs. L'*U-Boot* n'embarque pas sa dotation maximale d'anguilles car sa destination est Lorient et il ne s'agit pas d'une patrouille de longue durée. Les *Aale* sont réparties ainsi : 6 dans les tubes, 4 dans le compartiment avant, 2 dans les coffres de stockage sur le pont avant et 2 autres dans ceux du pont arrière. Les précédentes *G7e* TII ont causé bien des soucis avec leur mise à feu par influence magnétique générant des explosions prématurées, ou ne se déclenchant pas du tout. Afin de pallier rapidement ce grave problème, le *BdU* a ordonné d'équiper toutes les torpilles de la classique mise à feu par contact. Mais il s'avère qu'elle se montre également caractérielle et les cas d'engins ayant touchés le but mais pas explosés s'accumulent. Les commandants n'ont plus confiance dans ces torpilles, surtout les *Eto* [39].

Le 9, le loup gris quitte Kiel et emprunte le Kaiser Wilhelm Kanal pour rejoindre Brunsbüttel où il stationne afin que des ouvriers enlèvent la protection contre la glace placée sur l'étrave. Il repart le 11 pour remonter vers le Nord. Les soucis ne tardent guère à apparaître car, le lendemain, l'*U-110* est obligé de plonger précipitamment à trois reprises à cause de la présence d'avions ennemis. La première alerte a lieu à 6 h 54 et l'oblige à naviguer une heure en immersion. La seconde arrive à 13 h 35. L'appareil britannique ne reste pas longtemps dans les environs et l'*U-Boot* fait surface vingt minutes après. Mais, à 14 h 30, l'alarme retentit à nouveau ! Le sous-marin est mal équilibré, trop lourd de l'avant, et touche le fond. Le choc n'est pas trop rude mais dans le sous-marin 47 cœurs ont vu leur rythme cardiaque

s'accélérer soudainement ! Le Type IX B est bien moins manœuvrant que le Type VII. Il est plus long à plonger mais, une fois le mouvement amorcé, réussir à corriger son assiette rapidement est plus difficile en raison de son inertie. Et, par petits fonds, l'opération n'est pas aisée, surtout à la suite d'une plongée d'urgence. Heureusement, la coque n'a fait que racler les sédiments et aucune avarie n'est signalée. Le *LI.* Eichelborn se sent quelque peu penaud et jure qu'on ne l'y reprendra plus, même s'il n'est pas entièrement responsable car des hommes chargés des ballasts et des caisses d'assiette n'ont pas été suffisamment réactifs à ses ordres. Cette fois, le *Kaleunt* décide de faire route en immersion et d'attendre la nuit pour faire route en surface. À 20 h 05 le loup gris émerge et le bruit lancinant des diesels reprend.

Le 13, il change de cap afin de passer entre les Shetland qui sont visibles et les îles Féroé. Le 14, il a dépassé cette zone dangereuse et patrouille le lendemain au sud de l'Islande. Le temps est exécrable, avec une visibilité très mauvaise et une mer houleuse. La navigation en surface est difficile, surtout pour les hommes de veille dans la baignoire. Quand l'étrave s'enfonce, les vagues courent sur le pont, noient le canon puis se brisent au bas du massif, explosant dans une gerbe d'écume qui retombe telle une cataracte sur les sous-mariniers transis. Aucun vêtement de protection ne résiste bien longtemps à pareil traitement. Cette avalanche d'eau glacée finit par s'infiltrer partout. La vue se brouille quand les embruns fouettent avec violence les visages tourmentés. Régulièrement, le *Kaleunt* ordonne de plonger. À quelques mètres sous la surface le calme est impressionnant. L'opérateur aux hydrophones, concentré dans le *Horchraum* [40], peut alors entendre battre le cœur de l'océan et chercher des bruits d'hélices. Dans la nuit, lors d'une de ces plongées d'écoute, les sons attendus grésillent dans les écouteurs du *Funkmaat* ! Ils proviennent des nombreuses hélices du convoi HX-112 parti d'Halifax en Nouvelle-Écosse le 1er et qui se rend à Liverpool. Il comprend 41 bateaux de commerce dirigées par le *Commodore* et *Rear admiral* Fischer Burges Watson à bord du *Tortuguero*. Il est secondé dans cette lourde tâche par le *Vice Commodore* et *Capt.* James Kenneth Brooke sur le *Black Condor*. La protection est assurée par le *5th Escort Group*, commandé par le célèbre *Captain* Donald MacIntyre embarqué comme *Senior Officer Escort* sur le destroyer HMS *Walker*, grand spécialiste de la guerre anti-sous-marine et casseur d'*U-Boote*. Il a sous ses ordres les destroyers HMS *Sardonix* (*Lt Cdr* Robert Basil Stewart Tennant), HMS *Vanoc* (*Lt Cdr* James Godfrey Wood Deneys), HMS *Volunteer* (*Lt Cdr* Norman Lanyon), ainsi que les corvettes HMS *Bluebell* (*Lt Cdr* Robert Evan Sherwood) et HMS *Hydrangea* (*Lt* Joseph Eric Woolfenden). Il y a également le destroyer HMS *Scimitar* (*Lt* Robert Denys Franks) venu en renfort.

Le *Kplt.* Lemp fait remonter l'*U-110* à l'immersion périscopique et s'empare des poignées du *Nacht-Luftzielsehrohr* [41]. Une dizaine de mètres plus haut, le gros œil de verre tourne doucement, scrutant l'horizon. Le *Kaleunt* effectue un 360° pour être certain de l'absence de tout bâtiment anti-sous-marin ennemi. Il manœuvre ensuite le miroir qui bascule de 90° vers le haut et inspecte cette fois le ciel afin de vérifier si un avion n'est pas en train de survoler la zone. L'obscurité n'aide pas l'observation mais rien d'inquiétant n'est visible. « *Auftauchen !* » Le chuintement de l'air comprimé vidant les ballasts résonne dans l'*U-110* qui s'élève comme un énorme ludion. Tel un gigantesque Léviathan de fer ruisselant d'écume rapidement dispersée par les vagues, le loup gris crève bruyamment

(35) Pillau : à présent Baltiisk dans l'enclave de Kaliningrad.

(36) UAK : abréviation de *U-Boot-Abnahmekommando Erprobungen*. Procédure de recherche d'éventuels défauts, sorte de contrôle qualité avant la mise en service.

(37) TEK : abréviation de *Torpedo Erprobungs-Kommando*. Centres destinés à tester le bon fonctionnement de tous les éléments liés spécifiquement au lancement des torpilles et à effectuer les essais des nouveaux modèles de torpilles.

(38) AGRU-Front : abréviation d'*Ausbildungs-gruppe-Front*. Centre de formation final pour les sous-mariniers de l'*U-Bootwaffe*, situé sur la péninsule de Hel puis déplacé à Eckernförde à la suite de l'avance soviétique.

(39) Eto : surnom donné par les sous-mariniers allemands aux torpilles G7e (*Elektrischer Torpedo*) à propulsion électrique. Les G7a propulsées par air comprimé étaient surnommées *Ato* (contraction d'*Atmosphärisch getriebener Torpedo*). Cette formule offrait une facilité de reconnaissance et évitait toute méprise lorsque ces deux versions étaient embarquées.

(40) *Horchraum* : local d'écoute.

(41) *Nacht-Luftzielsehrohr* : périscope de veille et de navigation équipé d'un miroir basculant à 90 ° vers le haut (et 10 ° vers le bas) permettant la vision zénithale.

Effets spéciaux provenant d'un sous-marinier : deux vestes en cuir gris, une autre en mouton fourrée, deux pantalons en toile cirée grise, un pantalon de toile, une paire de gants, une paire de bottes, une gourde en tissu, un petit gilet de sauvetage gonflable, etc.
© Hermann Historica

la surface. Le *LI.* Eichelborn annonce : « Kiosque émergé. Bâtiment en surface. Panneaux clairs ! » Le *Kaleunt* est le premier à déverrouiller et ouvrir le *Turmluk* [42] puis bondir dans la baignoire, jumelles en mains. Les veilleurs le suivent, scrutant attentivement l'obscurité d'où peut surgir inopinément un escorteur britannique. Nul doute, des bateaux de commerce sont visibles ! Ils ont localisé le HX-112 ! Un message est envoyé au *BdU* avec le cap et la position du convoi. La réponse ne tarde guère : ordre de ne pas attaquer pour l'instant, maintenir discrètement le contact et informer. Le *BdU* va rameuter les *U-Boote* les plus proches. Quand ils seront sur zone, il les lancera dans une attaque simultanée destinée à semer la confusion parmi les navires marchands et perturber la défense en dispersant les escorteurs. Dans la nuit du 15 au 16, les *U-37* (*Kplt.* Asmus Nicolai Clausen), *U-74* (*Kplt.* Eitel-Friedrich Kentrat), *U-99* (KKpt. Otto Kretschmer) et *U-100* (*Kplt.* Joachim Schepke) rôdent autour du convoi, prêts au combat.

L'ouverture des hostilités est donnée par le *Vizeadmiral* Dönitz et ses loups gris passent à l'attaque. Mais l'affaire est délicate car les marins du *5th Escort Group* connaissent bien leur travail et sont dirigés par un ténor de la lutte anti-sous-marine. Les sous-marins sont constamment repoussés et éprouvent de grandes difficultés à s'approcher de leurs proies. Peu avant minuit, le *Kplt.* Lemp réussit à passer la barrière des escorteurs et se positionner pour lancer en surface. Sa cible est un grand pétrolier battant pavillon anglais, l'*Erodona* de 6207 tonneaux appartenant à la Anglo-Saxon Petroleum Co. Ltd. de Londres. Le gros navire mesure 131,7 m pour une largeur de 16,6 m et possède un tirant d'eau en charge de 9,4 m. Bas sur l'eau car les soutes pleines, il occupe la onzième position dans le convoi. À son bord s'activent 57 marins qui n'imaginent pas un instant qu'un commandant allemand est en train d'observer le pétrolier, les yeux collés aux oculaires de l'*UZO* [43]. Les paramètres de lancement sont transmis automatiquement des jumelles de visée au *Vorhalterechner*, le conjugateur de tir qui relaie ensuite directement l'information aux torpilles. Le *Kaleunt* ordonne d'ouvrir les portes des tubes avant 1 et 2. Dans le compartiment avant, l'*Oblt.z.S.* Greger confirme leur bonne ouverture. Tout l'équipage est dans l'attente des mots que va prononcer leur commandant quelques m plus haut. Le moment est venu de lancer et sa voix retentit : « *Rohr ein... los ! Rohr zwei... los !* ». À chaque fois, l'*Oblt.z.S.* Greger, premier officier de quart et responsable des torpilles, actionne le commutateur de tir électrique et l'air comprimé expulse les *G7e* TII qui filent vers l'*Erodona*. Le geste est systématiquement doublé, mécaniquement, par l'*Obertorpedomechanikersmaat*, le maître principal torpilleur, à l'aide d'un levier afin d'éviter un incident de lancement en cas de défaillance du système électrique. Le *LI.* Eichelborn n'est pas en reste et ne chôme pas, actionnant avec habileté les vannes de remplissage des caisses d'assiette pour compenser la perte du poids des torpilles par son équivalent en eau, évitant ainsi à l'*U-110* de crever inopinément la surface. Les deux *Eto* filent vers la cible mais, fidèles à leur mauvaise réputation, ont une course erratique et se perdent. Le *Kplt.* Lemp peste, mais qu'y faire ? Le pétrolier continue sa route, imperturbable. Le *Kaleunt* décide alors d'abattre de quelques degrés et de lancer à la volée avec un tube arrière ! Il faut faire vite... « *Torpedos, LOS !* ». Cette troisième anguille file cette fois sans faillir vers le pétrolier et le touche à 0 h 22, causant un important incendie et tuant 34 membres d'équipage, dont de nombreux Chinois, et 2 artilleurs de la pièce de pont. L'*Erodona* reste à flot mais les marins n'ont pas les moyens de lutter contre ces flammes gigantesques qui illuminent la nuit. À tout moment, le bateau peut exploser et mieux vaut évacuer, la chaleur intense dégagée par les milliers de litres de carburant en feu n'incitant pas rêvasser. L'infernal brûlot attire immanquablement les escorteurs qui se précipitent sur les lieux.

L'*U-110* toujours en surface est aperçu par le HMS *Scimitar* qui se rue sur le loup gris qui plonge sans demander son reste. Le destroyer est rejoint par les HMS *Walker* et HMS *Vanoc* qui ne manquent pas de larguer une vingtaine de grenades anti-sous-marines pour saluer l'*U-Boot* avant de reprendre leur rôle de chien de garde autour du convoi. Alors que l'*U-110* s'éloigne pour échapper à ses poursuivants et recharger ses tubes afin de revenir dès que possible à l'assaut du HX-112, l'incendie diminue peu à peu d'intensité sur l'*Erodona* qui finira par être sauvé. Le *Kplt.* Lemp n'en a pas terminé avec le convoi et réussit à déjouer à nouveau la surveillance des escorteurs qui sont peu nombreux et ont fort à faire. Cette fois il porte son choix sur un cargo et un pétrolier, lançant avec les tubes avant sur chacun deux *G7e* qui toutes semblent présenter des dysfonctionnements, coulant avant d'atteindre la cible ou affichant des parcours erratiques !

Réussir à tromper la vigilance des escorteurs est déjà un exploit, mais échouer cause de torpilles défectueuses est au plus haut point démoralisant. Le HX-112 finit par s'échapper après avoir perdu cinq bateaux, tous coulés par l'*U-99*, et deux autres avariés, un par l'*U-99*, l'autre par l'*U-110*. Mais l'*U-99* a été coulé par le HMS *Walker*. Avec la capture du *KKpt.* Otto Kretschmer et la plus grande partie de son équipage, la *U-Bootwaffe* perd beaucoup. L'*U-110*

(42) *Turmluk* : Panneau supérieur du kiosque.

(43) *UZO* (*Überwasser Ziel-Optik*) : jumelles de visée pour les attaques de surface. L'équivalent anglo-saxon est le TBT (*Target Bearing Transmitter*). Cet appareil permettait de transmettre les paramètres des cibles directement au calculateur de tir.

s'en sort mieux car il continue de sillonner l'océan.

Le 22 à midi un vapeur est aperçu. La chasse reprend mais est interrompue à plusieurs reprises par la présence d'avions du *Coastal Command* et de destroyers en maraude. Obligé de plonger, le sous-marin perd le cargo. Mais, dans la nuit, le contact est rétabli. Le *Kaleunt* observe dans ses jumelles la silhouette d'un bateau de commerce, a priori norvégien. En effet, il a devant lui le *Siremalm* de 2468 tonneaux, capitaine Haakon Svendsen et propriété de la compagnie A.I. Langfeldt & Co de Kristiansand. Ses 95,59 m de long et ses 13,35 m de large défilant sur l'arrière du loup gris mettent les Allemands en appétit. Le *Siremalm* est chargé de 4000 tonnes de minerai de fer à destination de la Grande-Bretagne et marche à 8 nœuds, poussé par les 248 ch de sa machine à vapeur à triple expansion qui crache une épaisse fumée dont l'odeur âcre est perçue par les sous-mariniers en poste dans la baignoire. Peu après 3 h, une *G7e* est lancée, suivie trois minutes plus tard d'une autre. Mais les engins diaboliques manquent le poussif cargo pourtant proche. Satanées anguilles pensent les sous-mariniers dépités ! Il faut se repositionner au mieux et l'opération nécessite du temps. Il est 4 h 20 passées quand une troisième *Aal* est lancée. Dans le central et dans le compartiment de pointage, les aiguilles des chronographes égrènent d'interminables secondes dans l'attente du coup au but. Mais le lancement n'est pas ponctué par une formidable déflagration. C'est un grand choc métallique dont le son se propage à travers l'élément liquide que perçoit l'opérateur aux hydrophones dans ses écouteurs. La torpille a bien touché le bateau norvégien mais elle n'a pas explosé ! Le seul résultat est d'avoir enfoncé la coque au niveau de la salle des machines sans la percer. Les Allemands sont consternés par cette malchance qui les poursuit. Les chauffeurs et mécaniciens du *Siremalm* ont bien plus mal vécu l'événement qui n'a pas manqué de déclencher quelques exclamations d'effroi. Le *Kplt.* Lemp décide alors de couler le vapeur au canon et s'approche à portée de tir. Sur le pont, les sous-mariniers devenus artilleurs s'activent sous la direction de l'*Oblt.z.S.* Loewe. Les Norvégiens, impuissants, voient le long tube de 4,72 m pivoter dans leur direction. Un homme engage un obus, le *2WO* aboie : « *Feuer!* » L'effet dépasse toutes les attentes car un flash aveuglant et une violente explosion se produisent sur le pont de l'*U-Boot*, suivie de cris de douleurs. Les servants ont oublié d'ôter la tape de bouche qui protège l'extrémité du tube ! La bouche obturée s'est volatilisée, projetant de gros éclats dans toutes les directions. Trois hommes sont blessés, heureusement légèrement. Le pont est criblé de morceaux d'acier et un éclat a même détruit la tête du périscope d'attaque. Le canon de 10,5 cm Utof L/45 est définitivement inutilisable, son tube tordu. Un drame a été évité miraculeusement. Les dégâts ne se limitent pas à ce qui est visible car des tubulures d'air comprimé et des tuyauteries courant sous le pont ont été crevées. L'effet n'est pas sensible dans l'immédiat mais ne va pas tarder à se manifester... Le moment de surprise passé, les deux pièces automatiques de Flak ouvrent le feu sur le cargo. Les gerbes d'obus de 2 cm et 3,7 cm, dont certains traçants, ponctuent la nuit et s'abattent sur le *Siremalm* qui s'éloigne en zigzagant de toute la puissance de sa vieille machine qui n'a sans doute jamais autant été sollicitée, ses chaudières gavées de charbon par des chauffeurs survoltés. Mais pas question d'abandonner pour le *Kplt.* Lemp. « *Äusserste Kraft!* » Mais le destin a décidé d'accorder un sursis au *Siremalm*. Alors que l'*U-110* s'élance, il commence à s'enfoncer soudainement par l'avant ! Des tuyauteries percées par les éclats lors de l'incident avec la pièce de 10,5 cm laissent échapper l'air d'un ballast et le *LI.* Eichelborn a les plus grandes difficultés à maintenir l'assiette du sous-marin. Il faut stopper et effectuer une réparation de fortune. La mort dans l'âme, le *Kplt.* Lemp n'a plus que la solution d'écourter la patrouille et mettre le cap sur Lorient qui est atteint le 29.

La bataille de l'Atlantique est en cours et l'*U-110* doit repartir dès que possible car *Der Löwe* [44] veut le maximum de sous-marins à la mer. Il applique la ***Rudeltaktik*** [45] et pense réussir à briser l'approvisionnement maritime du Royaume-Uni. Le repos est donc de courte durée pour le *Kplt.* Lemp et son équipage. L'*U-110* appareille le 15 avril, précédé par un ***Sperrbrecher*** [46] qui sécurise le chenal et le début de cette deuxième patrouille. Quelques milles après l'île de Groix, il abandonne son protégé qui continue seul vers le Nord-Ouest afin d'opérer entre l'Islande et le Groenland. Il n'a pas sa dotation maximale en torpilles avec 15 engins embarqués. L'équipage va devoir partager son quotidien avec un invité : Helmut Ecke. Ce Berlinois âgé de 23 ans est un correspondant de guerre de la ***Propagandakompanie***, la fameuse ***PK***, structure destinée à suivre les opérations militaires et assurer la propagande, auprès des Allemands mais également des populations des territoires occupés. Bien que jeune, il a eu une réelle expérience du journalisme car ayant travaillé avant les hostilités au populaire journal Berliner *Zeitung am Mittag*. Il sait aussi ce qu'est la guerre car il a participé à la campagne de Pologne et de France en tant que motocycliste dans une compagnie de *Panzer* et a été au feu. Son expérience antérieure de journaliste

(44) *Der Löwe* : Le Lion, surnom donné par les sous-mariniers allemands à Karl Dönitz.

(45) *Rudeltaktik* : Tactique des meutes initiée par Karl Dönitz.

(46) *Sperrbrecher* : littéralement « briseur d'obstruction ». En fait, bâtiment civil réquisitionné et lourdement armé en pièces de DCA et équipements de déminage afin d'assurer la sécurité des *U-Boote* ou des convois.

Le HMS *Bulldog* et le *sub-lieutenant* David Edward Balme.

lui a valu d'être ensuite affecté à la *PK*. C'est à sa demande qu'il a été transféré à la branche navale de l'unité de propagande. Il a le grade de *Gefreiter* mais aussi à présent celui honorifique de *Ltnt.z.S.*. Avant de faire connaissance avec l'*U-110*, il a foulé durant six semaines le pont d'un patrouilleur à Boulogne. Il a mis à profit cette courte expérience de marin pour écrire quatre articles sur la vie à bord d'une petite unité de la *Kriegsmarine*. À présent, il découvre le quotidien de ses camarades de la *U-Bootwaffe*. La navigation ne réserve aucune surprise et la routine semble s'installer. Pourtant, les hommes veillent en permanence et sont prêts à entrer en action dès qu'un bateau sera signalé. Ce moment tant attendu arrive dans la nuit du 26 au 27 quand est aperçu un vapeur navigant en solitaire plus de 300 milles au Nord-Ouest des îles Blasques, au large de la péninsule de Dingle sur la côte ouest de l'Irlande. Il s'agit de l'*Henri Mory*, cargo français de 2564 tonneaux saisi par les Anglais en juillet 1940 et transféré au *Ministry of War Transport*. À son bord, 31 hommes sont sous les ordres du capitaine Joseph Havard qui est loin d'imaginer que son navire fait l'objet de l'attention du *Kplt.* Lemp. « Alles auf Gefechtsstation ! Äusserste Kraft ». La machine de l'*Henri Mory* n'est pas au mieux de sa forme et, incapable de donner toute sa puissance, permet tout juste d'avancer entre 4 et 6 nœuds. C'est un jeu d'enfant pour l'*U-110*, animé par ses deux puissants diesels d'intercepter le vapeur à bout de souffle. Il se positionne à environ 300 m et lance une torpille qui le touche à

Le HMS *Aubretia*.

1 h 30 sur tribord près de la salle des machines. La mer s'engouffre dans l'*Henri Mory* éventré qui prend rapidement de la bande. Une forte houle et l'obscurité rendent difficile la mise à l'eau des canots de sauvetage, surtout celui de bâbord qui frotte le long du bordé et descend de travers. L'autre oscille au bout des cordages qui le retiennent à ses bossoirs et, mal assuré, s'éloigne de l'*Henri Mory* sans personne à bord. Brusquement, le cargo supplicié disparaît en quelques secondes, entraînant dans un tourbillon 28 hommes, dont le capitaine Havard. Trois marins ont miraculeusement survécu. Deux ont réussi à prendre place dans l'un des canots alors que le troisième est accroché à des débris du pont flottant à la surface. Le *Kaleunt* ordonne de s'approcher du marin en difficulté et de le hisser à bord du sous-marin. Il s'agit d'un matelot russe blanc originaire d'Odessa, l'*Able Seaman* Piotr Chinaski. Les sous-mariniers lui offrent une bouteille d'alcool, des cigarettes et le déposent ensuite dans le canot où se trouvent les deux autres survivants. Le *Kplt.* Lemp leur pose les questions d'usage quant au nom du bateau torpillé, sa cargaison, sa destination et leur adresse quelques mots d'encouragement avant de s'éloigner. La *Feindfahrt* continue... Quelques heures plus tard, un autre bateau est aperçu mais ne peut être attaqué. Le 28, deux autres vapeurs sont repérés au loin et une courte tentative est faîte pour les rattraper mais, au bout de quelques minutes, l'*U-Boot* abandonne la vaine poursuite. Le 5 mai, le *Funkmaat* Högel reçoit un message du *BdU* indiquant qu'un convoi d'une cinquantaine de bateaux sous forte escorte a quitté l'Angleterre. C'est l'OB-318, parti trois jours auparavant de Liverpool et qui comprend 43 bâtiments de commerce placés sous les ordres du *Commodore* et *Rear admiral* Mckenzie à bord du *Colonial* (capitaine Joseph Devereaux). La protection est assurée au départ par le *7 th Escort Group* constitué des destroyers HMS *Campbelltown*, détaché temporairement à la *Koninklijke Marine*, HMS *Newmarket* (*Lt Cdr* Geoffrey Bransby O Brien Harding), HMS *Westcott* (*Cdr* Ian Hamilton Bockett-Pugh), des corvettes HMS *Auricula* (T/*Lt* William Wilkinson White), HMS *Dianthus* (*Lt Cdr* Clement Edward Bridgman), HMS *Marigold* (*Lt* William Sinclair MacDonald), HMS *Nasturtium* (*Lt Cdr* John Frederick Castle Bartley), HMS *Primrose* (*Lt Cdr* Albert Ayre), du sloop HMS *Rochester* (*Lt Cdr* Conway Benning Allen) et du chalutier armé HMS *Angle* (T/*Lt* Edward Playne). Le *3th Escort Group* doit le relever du 7 au 10. Placé sous le commandement du Cdr Addison Joe Baker-Creswell sur le HMS *Bulldog*, il comprend les destroyers HMS *Amazon* (*Lt* Nigel Edward Godfrey Roper), HMS *Broadway* (*Lt Cdr* Thomas Taylor), le croiseur auxiliaire HMS *Ranpura* (*A/Capt.* Henry Thurston Wake Pawsey), les corvettes HMS *Aubretia* (*Lt Cdr* Vivian Funge Smith), HMS *Hollycock* (*Lt* Thomas Edward Davies), HMS *Nigella* (T/*Lt* Thomas Willis Coyne), les chalutiers armés HMS *Daneman* (T/*Lt* Alfred Hunter Ballard) et HMS *St-Appollo* (T/*Lt* Rupert Henry Marchington).

Le 9 mai, l'*U-110* rejoint la meute West qui a commencé à se former la veille et qui va comprendre jusqu'à 23 loups gris au plus fort de sa puissance. On y trouve les *U-43* (*Kplt.* Wolfgang Lüth), *U-46* (*Kplt.* Engelbert Endrass), *U-48* (*Kplt.* Herbert Schultze), *U-66* (KKpt. Richard Zapp), *U-73* (*Kplt.* Helmut Rosenbaum), *U-74* (*Kplt.* Eitel-Friedrich Kentrat), *U-75* (*Kplt.* Helmuth Ringelmann), *U-77* (*Kplt.* Heinrich Schonder), *U-93* (*Kplt.* Claus Korth), *U-94* (*Kplt.* Herbert Kuppisch), *U-97* (*Kplt.* Udo Heilmann), *U-98* (*Kplt.* Robert Gysae), *U-101* (*Kplt.* Ernst Mengersen), *U-108* (*Kplt.* Klaus Scholtz), *U-109* (KKpt. Hans-Georg Fischer), *U-111* (*Kplt.* Wilhelm Kleinschmidt), *U-201* (*Oblt.z.S.* Adalbert Schnee),

Le *Commander* Addison Joe Baker-Creswell et le HMS *Broadway*.

U-204 (*Kplt.* Walter Kell), *U-553* (*Kplt.* Karl Thurmann), *U-556* (*Kplt.* Herbert Wohlfarth), *U-557* (*Oblt.z.S.* Ottokar Arnold Paulssen) et *U-751* (*Kplt.* Gerhard Bigalk).

Deux jours auparavant, peu après 23 h, l'*U-94* a localisé le convoi et coulé le gros vapeur britannique de 10 263 tonneaux *Ixion* (capitaine Walter Francis Dark) et le norvégien de 5658 tonneaux *Eastern Star*. La chasse est donc ouverte et la position de l'OB-318 connue. Le matin du 8, l'*U-110* fait route en surface, cap sur le convoi, quand un avion du *Coastal Command* est aperçu à 6 h 45. « *Flieger Alarm ! Untertauchen!* »[47]. Le sous-marin trouve momentanément l'abri des profondeurs océanes puis, le danger éloigné, refait surface. À 8 h 30 un second appareil ennemi ronronne dans l'azur et le loup gris se voit obligé de plonger une seconde fois. Une demi-heure plus tard, il revient en surface mais un destroyer un peu trop proche, au goût du *Kaleunt*, est en vue après 7 minutes seulement à l'air libre. Il faut encore plonger et naviguer à faible vitesse en immersion. La charge des batteries inquiète le *Kplt.* Lemp qui aimerait pouvoir arriver au contact du convoi avec des accumulateurs au mieux de leur forme. Et pour cela il faut naviguer en surface! Après une heure en plongée aux électriques, l'*U-110* émerge à nouveau.

Tout danger semble écarté et la navigation en surface reprend. À 18 h 15, les veilleurs distinguent loin devant des panaches de fumée. Dans la nuit, le sous-marin est au contact mais ne réussit pas à percer la défense et s'approcher des bateaux de commerce. L'*U-201* est également sur zone et se heurte aussi aux escorteurs qui maintiennent une veille de tous les instants. Les deux commandants se rencontrent et échangent afin de coordonner leur action. Le 9 au matin, les deux loups gris réussissent enfin à déjouer la surveillance des bâtiments du *3th Escort Group* et passent à l'attaque. La mer est houleuse mais la visibilité excellente, environ 5 milles. Dans les tubes d'étrave de l'*U-110* se trouvent trois *G7e* et une *G7a*. Le *Kaleunt* décide de remplacer cette dernière par une *G7e*. Les hommes s'échinent car la manœuvre réclame beaucoup d'énergie, d'autant qu'il faut faire vite. À présent, l'*U-110* est prêt à semer la mort et s'approche silencieusement des cargos. Un silence oppressant règne dans le poste central, à peine troublé par le ronronnement régulier des électriques que l'on perçoit venant de l'arrière du sous-marin. Le commandant fait rapidement un tour d'horizon afin d'avoir une idée précise de la situation et détecter la présence d'un des escorteurs qui protègent inévitablement le convoi. Le ronronnement du moteur du périscope s'ajoute à celui des électriques. Le commandant ne sort l'*Angriffs-Sehrohr* que par intermittence et fait en sorte que son extrémité dépasse le moins possible au-dessus de la surface. Les hommes sont accrochés aux paroles du *Kaleunt* qui est le seul à avoir une vue précise de la situation.

À 11 h 58, il se fige une fraction de seconde puis lance d'une voix forte « *Rohr ein... los!* ». L'ordre est répété deux fois avec des intervalles de trente secondes : « *Rohr zwei, los !... Rohr drei, los !* ». Trois *Aale* se ruent à 30 nœuds vers leurs buts. Deux minutes plus tard, deux vapeurs battant pavillon britannique sont mortellement touchés : le *Bengore Head* de 2609 tonneaux, capitaine Maurice Kennedy et propriété de la compagnie G. Heyn & Sons Ltd, de Belfast, et l'*Esmond* de 4976 tonneaux, capitaine James Bernard McAulay Macaffert et appartenant à Donaldson Brothers Ltd, de Glasgow. Le premier cargo transportait 1200 tonnes de charbon et de cordage, alors que le deuxième naviguait à vide sur ballast. Le *Kplt.* Lemp a toujours les yeux collés aux oculaires du périscope et observe les événements. Il s'intéresse à présent à un très grand bateau qu'il évalue à 15 000 tonneaux et décide de lancer la quatrième torpille. « *Rohr vier... los !* ». Mais, pour une raison inconnue, l'anguille reste dans son tube et l'attaque échoue. La HMS *Aubretia* croise à 10 nœuds à peu de distance. Son opérateur aux hydrophones a entendu le bruit des torpilles venant de tribord, suivi peu après par trois explosions et les appels de détresse des deux vapeurs touchés. Le *Lt Cdr* Smith a ordonné un changement de cap immédiatement après l'alerte, sans attendre le résultat du torpillage. La corvette marche à 13 nœuds et se dirige vers la zone probable où se situe l'*U-Boot*. Il est 12 h 30 et un contact avec l'Asdic est obtenu au 335, distance 900 m, mais perdu peu après à cause de la vitesse trop grande du navire. La HMS *Aubretia* stoppe, son étrave pointant vers le 340, moteurs au ralenti. Le *Kplt.* Lemp est toujours en observation périscopique alors qu'à présent une corvette anti-sous-marine est à l'écoute, veillant silencieusement à moins d'un demi-mille, à l'affût. À 12 h 4, un marin anglais repère dans ses jumelles à environ 700 m sur tribord le périscope de l'*U-110* traçant un fin sillage à la surface de la mer. La contre-attaque est immédiate! Machines en avant toute, la HMS *Aubretia* se rue à presque 16 nœuds sur cette trace ténue qui signe la présence du loup gris. L'alarme est aussitôt donnée sur l'*U-110* car les 2750 ch en furie de la corvette et le bruit de son hélice ont été entendus. Le *Kaleunt* a aussi la vision terrible dans la lentille de l'*Angriffs Sehrohr* de l'étrave menaçante du navire britannique fonçant sur lui et si proche. « *Untertauchen! Los los!* ». À 12 h 6, les premières grenades descendent à la rencontre du loup gris cherchant la protection

(47) *Flieger Alarm ! Untertauchen!* : Alerte avion! Plongée!

des abysses. Elles sont 16, réglées pour exploser à -30 m et -70 m, et sont larguées avec précision. Mais elles explosent au-dessus du sous-marin qui évolue une dizaine de mètres plus bas et les dégâts sont minimes. La corvette réduit sa vitesse à 9 nœuds puis stoppe afin de rétablir le contact mais l'*U-Boot* est introuvable. Il est 12 h 10 et les destroyers HMS *Bulldog* et HMS *Broadway* arrivent en renfort. Les marins du roi George sont appliqués à la tâche et, à 12 h 15, l'opérateur Asdic du HMS *Broadway* obtient un contact sur tribord, à un demi mille. La chasse peut reprendre. Cette fois l'*U-110* a affaire à forte partie... La HMS *Aubretia* se dirige à 9 nœuds sur le but, cap au 235 et, à 12 h 20, commence à lancer les premières grenades. Elles sont réglées pour exploser de -45 m à -120 m. Cette fois, l'*U-110* est sévèrement touché et les dommages sont importants. Le loup gris est devenu ingouvernable, la fin est proche. Les ondes de choc consécutives aux explosions ont même causé des problèmes au système électrique de lancement des grenades de la HMS *Aubretia* qui n'est plus en mesure de mener une nouvelle attaque.

Les Britanniques savent que l'*U-Boot* est à l'agonie et le *Cdr* Baker-Creswell envoie la corvette aider le vapeur norvégien *Borgfred* (capitaine Thomas Torgersen) à sauver les marins des deux vapeurs envoyés par le fond par l'*U-110*. Un mort est à déplorer sur le *Bengore Head* alors que 40 survivants sont récupérés par la HMS *Aubretia* et le *Borgfred*. Ces deux navires sauvent également les 50 hommes embarqués sur l'*Esmond* où aucune victime n'est à déplorer.

Pendant ce temps, les HMS *Bulldog* et HMS *Broadway* s'occupent à mettre un terme définitif à la carrière de l'*U-110*. Les destroyers effectuent de nouvelles passes de grenadage qui achèvent l'*U-Boot*. Les moteurs électriques sont hors service, du gasoil provenant d'un réservoir percé près de la cuisine se répand en quantité dans le sous-marin qui s'enfonce par l'arrière. Les tôles des planchers se sont soulevées à plusieurs endroits, des torons de câbles détachés des plafonds pendent ici et là alors que le sol est jonché de débris divers et d'une multitude de morceaux de verre provenant des ampoules brisées et des cadrans de contrôle cassés. L'eau de mer, qui commence à envahir les fonds, entre aussi en contact avec les éléments d'accumulateurs et l'acide sulfurique qu'ils contiennent. Cette rencontre chimique contre nature provoque des dégagements de vapeurs de chlore, gaz mortel et hantise des sous-mariniers. « *Chlor! Achtung! Chlor!* ». Ceux qui n'avaient pas encore leur *Tauchretter* [48] s'en saisissent et s'équipent précipitamment. Le *Kaleunt* ordonne au *LI.* de vider les ballasts et faire surface. Mais plus rien ne fonctionne et le sous-marin désemparé ne cesse de descendre, avec dans ses flancs 47 hommes voués à une mort terrible. Mais le miracle improbable a lieu ! L'*U-110* roule sur un bord puis se redresse, roule à nouveau et commence à remonter. Le phénomène est peut-être dû aux explosions de grenades à des profondeurs supérieures à celle où se trouve le sous-marin, la colonne d'eau déplacée vers le haut le soulevant. Le mouvement, imperceptible au début, s'accélère et l'*U-Boot* finit par crever soudainement la surface, magnifique cible offerte aux deux bâtiments de la *Royal Navy*. Le *Cdr* Baker-Creswell ordonne d'ouvrir le feu à volonté et toutes les pièces du HMS *Bulldog* ayant une fenêtre de tir entrent en action. Un canon de 4 pouces (120 mm) QF Mark IX donne de la voix, accompagné par l'aboiement d'un 3 pouces (76,2 mm) QF 20 cwt et le staccato d'un Pom Pom de 40 mm. Des mitrailleurs avec leurs Lewis de 7,7 mm participent aussi et arrosent copieusement le loup gris sur lequel des hommes sont à présent visibles et se jettent à l'eau. Dès que le kiosque a émergé, le *Kplt.* Lemp a ouvert le *Turmluk* et ordonné l'évacuation. « *Alle Mann aus dem Boot !* » [49]. L'équipage abandonne l'*U-110* sous une grêle de projectiles. Quelques obus de 76,2 mm et 40 mm ont fait mouche et des trous sont visibles sur le massif. Des hommes sont victimes des tirs anglais, d'autres, plus chanceux, passent à travers la pluie d'acier et barbotent à la surface, soutenus par leur *Tauchretter* qu'ils ont gonflé. Le tir cesse aussi soudainement qu'il a commencé car le HMS *Broadway* lancé à pleine vitesse fonce sur le submersible, son étrave acérée prête à le fendre en deux. Mais, peu avant l'impact, la houle influe sur la position de l'*U-110* qui pivote et n'offre plus que sa poupe. Le destroyer frotte le long du sous-marin dans un bruit de métal torturé qui semble ne plus finir. À ce jeu, l'*U-Boot* n'a aucune chance. Un de ses réservoirs est éventré et laisse échapper un flot de carburant. Le HMS *Broadway* parachève son œuvre destructrice en larguant au passage une grenade qui cause à nouveau de gros dégâts au loup gris déjà bien mal en point. La manœuvre d'éperonnage du *Lt Cdr* Taylor a échoué mais l'*U-110* n'est plus qu'une épave. Le HMS *Bulldog* s'est approché à une centaine de m et ouvre à nouveau le feu, cette fois avec le Pom Pom et les mitrailleuses Vickers car le but est d'empêcher les Allemands de riposter avec leur artillerie et les maintenir sous pression. Aucun signe de reddition n'est visible et il semble aux marins britanniques que des sous-mariniers tentent de mettre en œuvre le canon de pont de 10,5 cm. Le *Kplt.* Lemp a ordonné d'actionner les charges de destructions mais les systèmes de mise à feu s'avèrent défectueux. Pour saborder le sous-marin, il ne reste que la solution d'ouvrir les purges des ballasts. Malheureusement,

(48) *Tauchretter* : bouée de sauvetage avec appareil respiratoire de la firme Dräger permettant aux sous-mariniers allemands d'évacuer un *U-Boot* posé sur le fond à faible profondeur. Plusieurs sous-mariniers réussirent à s'échapper de leur bâtiment condamné grâce à cet appareil, et ce jusqu'à des profondeurs de -85 m.

(49) *Alle Mann aus dem Boot !* : Tous les hommes quittent le bateau !

Le *sub-lieutenant* David Edward Balme.

ces dernières ne fonctionnent pas et restent bloquées en position fermée, victimes des grenadages. Le *Kaleunt* pense alors que l'*U-Boot* ne va pas tarder à couler et remonte à l'air libre où il se jette à la mer et nage vers ses hommes. Sur le HMS *Bulldog*, le Cdr Baker-Creswell a pensé qu'il était possible de s'emparer de l'*U-Boot* et décidé d'envoyer une équipe de prise. Elle a été constituée à la hâte et placée sous le commandement du *Sub-lieutenant* David Edward Balme, l'officier chargé du contrôle de tir. L'accompagnent 8 hommes : *Able seamen* C. Dolley, S. Pearce, R. Roe et K. Wileman, *Ordinary Seamen* A. Hargreaves et J. Trotter, *Telegraphist* A. Long et Stoker C. Lee. Le *Kplt.* Lemp est aux côtés du *Funkmaat* Högel quand il aperçoit la chaloupe de l'équipe de prise se dirigeant vers l'*U-110* toujours à flot et qui ne veut pas couler malgré les avaries. Le *Kaleunt* prend conscience que les Britanniques peuvent s'emparer des documents secrets et de la machine Enigma que le *Funkmaat* n'a pas détruite. Il décide alors de nager vers le sous-marin pour remonter à bord et tenter de hâter sa fin. Puis il... disparaît ! A-t-il été victime de l'épuisement en essayant de se hisser sur son bâtiment ? A-t-il été assommé par la coque lors d'un coup de roulis ? Il savait que si les Anglais menaient à bien leur action, une catastrophe suivrait pour la *U-Bootwaffe*. À bout de force, peut-être a-t-il préféré se suicider en se laissant aller après avoir vainement tenté l'impossible.

Toujours est-il que quand le *S/Lt* Balme pose le pied sur le pont glissant et incliné de l'*U-110*, le *Kaleunt* n'est plus de ce monde. Revolver à la main, le jeune officier britannique grimpe dans la baignoire où sont visibles des traces de sang et trouve le *Turmluk* verrouillé. Le second panneau est également fermé. Quand il l'ouvre et pénètre dans le poste central, il ne sait pas ce qu'il va trouver et s'attend à tomber nez à nez avec des Allemands vindicatifs et armés. Ses doigts tiennent fermement la poignée de son gros Webley Mk VI réglementaire et il est prêt à l'affrontement, avec six grosses balles chemisées de 455 (11,55 mm) dans le barillet. Aucun appareil ne fonctionne, il s'avance prudemment dans un silence sépulcral à peine troublé par un léger sifflement d'air comprimé s'échappant d'une tuyauterie. Seule la faible lumière émise par l'éclairage de secours l'aide à se diriger dans cet univers inconnu et encombré d'objets divers. Le *Cdr* Baker-Creswell lui a donné pour mission de ramener le maximum de documents et matériels. Le *S. Lt* Balme observe la pagaille qui règne dans les différents compartiments qu'il investigue. Manifestement, le sous-marin a été abandonné à la hâte. Il aperçoit des masques à gaz qui traînent ici et là mais fort heureusement ne perçoit aucune odeur de chlore. Des pistolets sont également visibles, comme si les sous-mariniers avaient pensé se défendre. Les marins de son petit commando le rejoignent peu après et une chaîne se forme afin de récupérer tout ce qui peut sembler digne d'intérêt. Il faut se hâter car il est possible que des charges de sabordage soient amorcées ou que l'*U-Boot* sombre sans prévenir. Personne ne parle allemand et il est impossible de sélectionner les documents. De fait, tous les écrits sont récupérés. Les hommes font main basse sur les livres de bord, les instructions nautiques, les cartes marines, les codes secrets, la correspondance générale, etc. Les tiroirs sont tous vidés de leur contenu. Sextant, jumelles, décorations, appareils photo, tout ce qui est digne d'intérêt est prélevé, et même quelques souvenirs. Dans le local radio, le *Tel.* A. Long repère la machine Enigma en parfait état et les livres de codes. Ce matériel prend immédiatement le chemin de la sortie ! C'est une incroyable trouvaille qui va donner par la suite aux Britanniques un avantage de taille dans le déchiffrement des messages échangés entre le *BdU* et ses *U-Boote*. Après un rapide état des lieux, le *S. Lt* Balme pense qu'il est possible de remorquer l'*U-110*, voir même le remettre en état de naviguer. Il demande donc au *Cdr* Baker-Creswell de lui envoyer un *Chief Engine Room Artificer*. À présent, le HMS *Bulldog* se maintient au plus près du sous-marin qui conserve toujours la même assiette, le pont arrière en partie submergé. Une vague plus grosse que les autres a déposé la chaloupe de l'équipe de prise sur le pont de l'*U-110*. Elle s'est disloquée sous le choc et est perdue. Le HMS *Broadway* s'est approché et met à l'eau une autre chaloupe qui apporte un *CERA* et effectue aussi deux allers-retours avec le matériel remonté de l'*U-Boot*. Le *Cdr* Baker-Creswell a ordonné à la HMS *Aubretia* de récupérer les sous-mariniers allemands. Ils sont 34 de sauvés mais deux décèdent à la suite de leurs blessures, rejoignant dans la mort treize camarades. D'autres loups gris sont signalés rôdant autour du convoi et les HMS *Aubretia* et HMS *Broadway* sont envoyés prêter main-forte aux autres escorteurs.

Sur le pont de l'*U-110*, le S. Lt Balme, aidé de quelques hommes, s'occupe de fixer un gros câble de remorquage sur l'avant. L'opération est difficile et nécessite bien des efforts. Le câble finit par être posé et le remorquage peut commencer. Soudainement un cri : « *Alarm submarine!* » Deux veilleurs sur le HMS Bulldog viennent d'apercevoir un périscope! Le *Cdr* Baker-Creswell n'a que la solution de larguer le câble et entamer une poursuite. Mais la recherche de l'importun s'avère vaine et les marins britanniques se remettent à l'ouvrage, récupérant le câble pour finir par le relier aux deux bâtiments. La HMS *Aubretia* est revenue sur les lieux afin d'assurer la sécurité du destroyer immobilisé qui représente une cible bien tentante pour un loup gris en maraude. La visibilité est de 4 milles et le convoi s'ébroue doucement, cap sur l'Islande à 4 nœuds. L'Amirauté a été prévenue de la capture de l'*U-110* et de la machine Enigma avec ses livres de codes. Un black-out total a été imposé afin que les Allemands ne puissent être au courant de cette prise fabuleuse en mesure de changer le cours de la guerre. Aucun marin de commerce du convoi n'a pu voir ce qui s'est passé, cargos et pétroliers étant passés trop loin, et les marins britanniques qui ont pris part à l'action ont tous

L'équipe de prise du HMS *Bulldog* se dirige vers l'*U-110*.

Le *Sub-lieutenant* David Edward Balme et des marins fixent un câble de remorquage à l'avant de l'*U-110*.

L'*U-110* en passe d'être remorqué par le HMS *Bulldog* dont on voit la poupe.

juré de garder le secret et de ne jamais évoquer le sujet à qui que ce soit. La *Royal Navy* peut compter sur le sérieux de ses hommes, aucun ne trahira son serment. Le sujet est d'une extrême importance pour la survie même du Royaume-Uni, et les sermons des commandants ont imprégné les marins des escorteurs jusqu'au plus profond de leurs âmes.

Le *Cdr* Baker-Creswell a renvoyé la HMS *Aubretia* assurer son rôle d'ange gardien auprès de l'OB-318 et conservé le HMS *Broadway* en protection. Le destroyer reste sur l'arrière et effectue en permanence des zigzags, les opérateurs Asdic se relayant afin d'assurer une veille permanente. Le remorquage se déroulant dans de bonnes conditions, le commandant du HMS *Bulldog* envoie quelques marins sur l'*U-110* afin de fermer toutes les portes étanches et panneaux. Il est 18 h 30, tout le monde est à bord des escorteurs, il peut ainsi augmenter sans risque la vitesse à 6 nœuds car le sous-marin se comporte bien. Les marins qui observent la scène pensent tous que jamais le nez d'un loup gris n'a été aussi proche d'un navire de Sa Majesté. Le matin du **10** à 4 h, les conditions météo changent. Le vent, force 4 sur l'échelle Beaufort, souffle du Sud vers l'Ouest et la mer commence à s'agiter. À 7 h, il monte à force 6 et tourne, soufflant alors de l'Ouest vers le Sud. L'écume orne des vagues de plus en plus grosses qui influent fortement sur l'*U-Boot* qui se met en travers et rechigne à suivre le HMS Bulldog qui ne peut maintenir son cap. Le Cdr Baker-Creswell décide sagement de laisser le sous-marin se positionner à la vague et de maintenir légèrement le câble de remorquage en traction afin d'éviter qu'il ne se prenne dans une hélice ou cède suite aux à-coups que provoque cette mauvaise mer. Le temps change constamment sous ces latitudes et peut s'améliorer rapidement. Mais il est dit que l'*U-110* ne verrait plus un marin du roi George fouler son

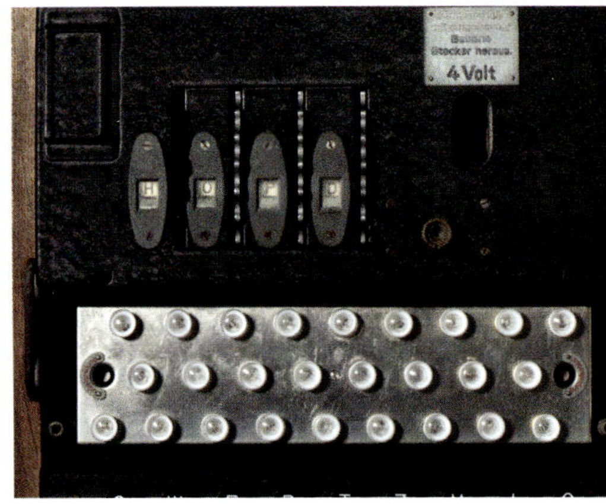

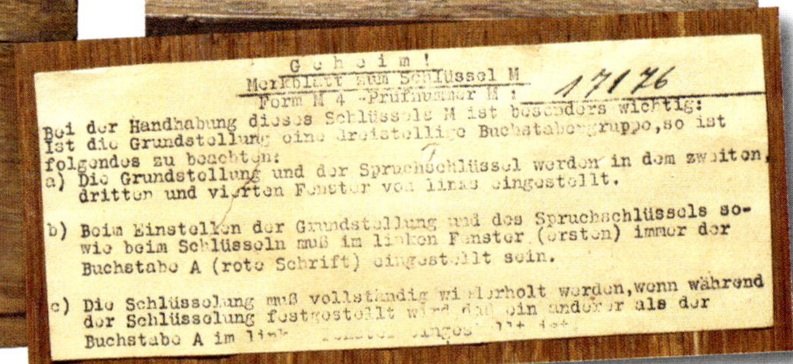

Le coffret de la machine Enigma et l'étiquette collée à l'intérieur comportant quelques recommandations sommaires pour la mise en route.

pont... À 11 h, l'avant du loup gris commence à s'élever au-dessus de la surface. Le mouvement s'accélère et, son étrave dressée vers le ciel dans un dernier salut, l'*U-110* disparaît à jamais sous les flots de l'Atlantique Nord. Les marins du HMS *Bulldog*, prêts à faire face à un tel scénario, ont largué sans tarder le câble de remorquage. Quant aux 32 sous-mariniers survivants, la captivité les attend. Après un arrêt en Islande, puis un passage à la prison de Brixton à Londres et de nombreux interrogatoires, l'équipage de l'*U-110* est envoyé goûter aux joies des activités de plein air dans un camp de prisonniers au Canada.

Les mois qui suivent, les hommes ayant participé à la capture de l'*U-110* et sa machine Enigma ne savent pas, et beaucoup ne le sauront jamais, que leur action remarquable va permettre aux services de renseignements de la Blanche Albion situés à Bletchley Park de casser le système de codage allemand et déchiffrer les messages radio échangés entre les unités de la *Kriegsmarine* et leur commandement à terre. Les positions des *U-Boote* seront alors reportées dans la *Submarine tracking Room* de la *Naval Intelligence Division* de Londres qui avertira aussitôt le *Coastal Command* et la *Royal Navy* des cibles potentielles et des tactiques a adopter, avec notamment des changements de route inopinés des convois. Le cours de la bataille de l'Atlantique en a été grandement influencé et il est probable que le vent de la défaite a commencé à souffler vers l'Allemagne ce 9 mai 1941, imperceptible au début puis définitivement établi un an plus tard.

Une machine Enigma à trois rotors dans son coffret capot ouvert (et détails à gauche) identique à celle récupérée à bord de l'*U-110*. © Hermann Historica

NDE : Pour en savoir plus sur les machines Enigma, leur fonctionnement et les diffétrentes prises par les Alliés reportez vous à *Sub-Marine* n°15, p. 71 et suivantes.

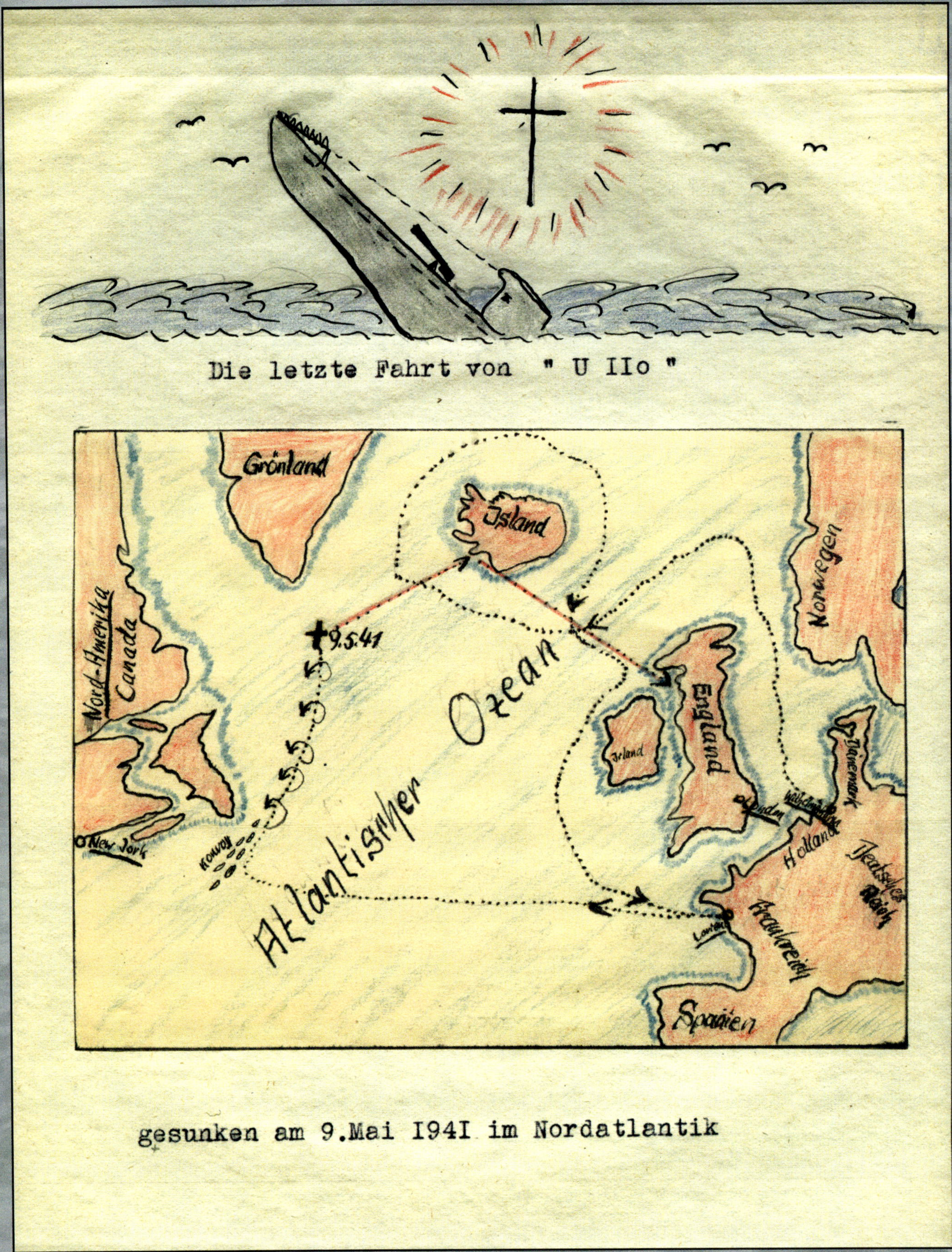

Cet émouvant document, réalisé par Willi Brohm, et collé dans son grand « album bleu », évoque le dernier voyage de l'U-110 *(die letze Fahrt von U110 »)* coulé le 9 mai 1941 dans l'Atlantique Nord. La carte qu'il a réalisée est très intéressante car elle montre les itinéraires de l'*U-110*, parti de Wilhelmshaven, ayant contourné l'Islande, avant de rejoindre la base de Lorient. Et de là, il nous montre son dernier voyage, les esquives et sa fin le 9 mai 1941. Il a noté ensuite le parcours maritime, en captivité jusqu'en Islande, puis en Angleterre. © Heimdal

Ce second document est tout aussi émouvant. Il y présente le portrait (réalisé le jour de la remise de son *Ritterkreuz*) du *Kapitänleutnant* Fritz Lemp, son commandant, avec la date de sa mort. Il a rajouté, autour : « *J'avais un camarade... avec lui, 25 braves sous-mariniers ont rencontré la mort du marin, le 9 mai 1941, dans les flots de l'Atlantique Nord* ». © Heimdal

Scores obtenus par Fritz-Julius Lemp

U-30

Date	Nom	Tonnage	Nationalité	Commandant
3 septembre 1939	*Athenia*	13581 tx	Britannique	James Cook
11 septembre 1939	*Blairlogie*	4425 tx	Britannique	Daniel Brown MacAlpine
14 septembre 1939	Fanad Head	5200 tx	Britannique	George Pinkerton
28 décembre 1939	*HMS Barbara Roberston*	325 tx	Britannique	G.W. Edgar
11 janvier 1940	*El Oso*	7267 tx	Britannique	Frank H.Simpson
17 janvier 1940	*Caimross*	5494 tx	Britannique	Laurence Halcrow
7 février 1940	*Munster*	4305 tx	Britannique	William James Paisley
9 février 1940	*Chagres*	5406 tx	Britannique	Hugh Roberts
9 mars 1940	*Counsellor*	5068 tx	Britannique	Harold Coates
20 juin 1940	*Otterpool*	4876 tx	Britannique	Thomas Prince
22 juin 1940	*Randsfjord*	3999 tx	Norvégien	Halvor Pedersen
28 juin 1940	*Llanarth*	5053 tx	Britannique	John James Perry
1er juillet 1940	*Beignon*	5218 tx	Britannique	William John Croome
6 juillet 1940	*Angel Mabro*	3154 tx	Égyptien	Alexander Kilikas
21 juillet 1940	*Ellaroy*	712 tx	Britannique	Thomas Grafton Smith
9 août 1940	*Canton*	7150 tx	Suédois	Bror Gustaf Torsell
16 août 1940	*Clan Macphee*	6628 tx	Britannique	Thomas Philip Butler
27 avril 1941	*Henri Mory*	2564 tx	Britannique	Joseph Havard
9 mai 1941	*Bengore Head*	2609 tx	Britannique	Maurice Kennedy
9 mai 1941	*Esmond*	4976 tx	Britannique	James Bernard McAulay Macaffert

U-110

Date	Nom	Tonnage	Nationalité	Commandant
28 décembre 1939	HMS *Barham*	33110 t	Britannique	Harold Thomas Coulthard Walker
16 janvier1940	*Gracia*	5642 tx	Britannique	?
16 mars 1941	*Erodona*	6207 tx	Britannique	?
23 mars 1941	*Siremalm*	2468 tx	Norvégien	?

Fritz-Julius Lemp
Né le : 19 février 1941, à Tsingtau, province du Shandong - Chine
Disparu : 9 mai 1941, Atlantique Nord

Grades :
- 4 octobre 1931 - *Seekadett*
- 1er janvier 1933 - *Fähnrich zur See*
- 1er janvier 1935 - *Oberfähnrich zur See*
- 1er avril 1935 - *Leutnant zur See*
- 1er janvier 1937 - *Oberleutnant zur See*
- 24 septembre 1939 avec effet le 1er octobre 1939 - *Kapitänleutnant*

Décorations :
- 2 octobre 1936 - *Dienstauszeichnung IV. Klasse*
- 6 septembre 1939 — *Spanienkreuz in bronze*
- 27 septembre 1939 — *Eisernes Kreuz 2. Klasse*
- 18 janvier 1940 - *Eisernes Kreuz 1. Klasse*
- 14 août 1940 - *Ritterkreuz des Eisernen Kreuzes*

Carrière :
- 1er avril 1931 - examens d'entrée dans la *Reichsmarine* comme *Offiziersanwärter*
- 4 octobre 1931 — *I. Abteilung Schiffsstammdivision der Ostsee* — embarquement sur le voilier-école trois-mâts barque *Niobe*
- Septembre 1931 - embarquement sur le croiseur léger *Karlsruhe*
- 1er janvier 1935 - *U-Schule*
- Novembre 1936 - *Wachoffizier* sur l'*U-28*
- Janvier 1937 - *Wachoffizier* sur l'*U-28*
- 28 octobre 1938 - commandant de l'*U-28*
- Novembre 1938 - commandant de l'*U-30*
- 21 novembre 1940 - commandant de l'*U-110*

Les disparus de l'*U-110*	Grade
Fritz-Julius Lemp	*Kapitänleutnant*
Klobes Hans	*Stabsobermaschinist*
Spielberg Helmut	*Obermaschinenmaat*
Gentzler Gustav	*Mechanikersmaat*
Kaczmarek Paul	*Matrosenobergefreiter*
Knost Russmann	*Maschinenobergefreiter*
Ziegler Karl	*Maschinengefreiter*
Schneider Louis	*Maschinengefreiter*
Hörter Rolf	*Maschinengefreiter*
Wolf Helmut	*Maschinengefreiter*
Dechand Werner	*Mechanikergefreiter*
Kramer Claus	*Mechanikergefreiter*
Latzel Max	*Mechanikergefreiter*
Bischoff Helm	*Matrosengefreiter*
Oltmanns Hinrich	*Matrosengefreiter*

Les survivants de l'U-110	Grade
Loewe Dietrich	*Oberleutnant zur See*
Eichelborn Hans-Joachim	*Oberleutnant*
Wehrhöfer Ulrich-Walter	*Leutnant zur See*
Ecke Helmut	*Leutnant*
Tietjen Heinrich	*Obermaschinist*
Krumbügel Albert	*Obersteuermann*
Haberhausen Herbert	*Bootsmann*
Nehmer Heinz	*Steuermann*
Fox Hermann	*Oberbootsmannsmaat*
Brohm Wilhelm	*Bootsmannsmaat*
Müller Wilhelm	*Maschinenmaat*
Freitag Fritz	*Maschinenmaat*
Schmidt Heinrich	*Maschinenmaat*
Smolka Horst	*Maschinenmaat*
Högel Georg	*Funkmaat*
Graser Friedrich	*Funkmaat*
Zöllner Josef	*Matrosenhauptgefreiter*
Hendricks Paul	*Matrosenhauptgefreiter*
Johnson Ernst	*Matrosenobergefreiter*
Kluth Heinrich	*Maschinenobergefreiter*
Coenen Johannes	*Maschinenobergefreiter*
Langsch Herbert	*Funkobergefreiter*
Czojor Hellmuth	*Matrosengefreiter*
Brandl Karl-Heinz	*Matrosengefreiter*
Grunendahl Heinz	*Maschinengefreiter*
Steinschulte Heinz	*Maschinengefreiter*
Vocke Heinz	*Maschinengefreiter*
Wernhardt Leonhard	*Maschinengefreiter*
Felsmann Georg	*Maschinengefreiter*
Strehlau Karl	*Maschinengefreiter*
Nürnberger Rudolf	*Maschinengefreiter*
Wilde Heinz	*Funkgefreiter*

U-Boots-Kriegsabzeichen, attribué à partir du 13 octobre 1939 aux sous-mariniers ayant effectué au moins deux missions de guerre. © Hermann Historica

Cette carte postale, placée dans l'album de Willi Brohm, nous montre l'*U-30* couvert de glace, un exemple des dures conditions de navigation par tous temps. Cet *U-Boot* aura obtenu un bien plus grand nombre de victoires que l'*U-110*, comme nous le voyons sur les tableaux de la page ci-contre. © Heimdal

V • PRISONNIER DE GUERRE AU CANADA

Ainsi, le 9 mai 1941, 32 sous-mariniers allemands survivants de l'*U-110* ont été capturés par la *Royal Navy*. Ils font une brève escale en Islande puis rejoignent l'Angleterre. Là, ils sont tout d'abord incarcérés à la prison de Brixton, à Londres, photographiés, immatriculés puis longuement interrogés ; il n'est pas courant, en ces premières années de guerre, de pouvoir questionner un tel nombre de sous-mariniers survivants. Dans l'un de ses albums, Willi Brohm est photographié alors qu'il est au camp de prisonniers de guerre n° 0992 en Angleterre. Mais ils ne resteront pas en Angleterre. Le Canada va accueillir l'essentiel des camps de prisonniers de guerre allemands. Les survivants de l'*U-110* vont ainsi traverser l'Atlantique en passant, probablement, à proximité des flots gris de l'Atlantique Nord où leur regretté commandant Lemp et leurs vingt-cinq camarades reposent à jamais dans leur cercueil d'acier au fond de l'Océan.

Arrivés au Canada, ils sont transférés près d'Iroquois Falls, dans l'Ontario, afin d'être internés au **Pow Camp 23, Monteith**. Il fait partie des dix camps de prisonniers de guerre établis dans la province située à proximité de la frontière du nord-est des USA et du lac Michigan. Ce sont le *Camp 10, Chatham* (en face de Détroit), le *Camp 30, Bouwmanville* (près de Toronto), le *Camp 20, Gravenhurst*, le *Camp 33, Petawawa* (à l'ouest d'Ottawa), le *Camp 21, Espanola* (au nord de Manitoulin Island), le *Camp 23, Monteith* était l'un des plus septentrionaux, avec trois autres camps. D'autres camps pour prisonniers

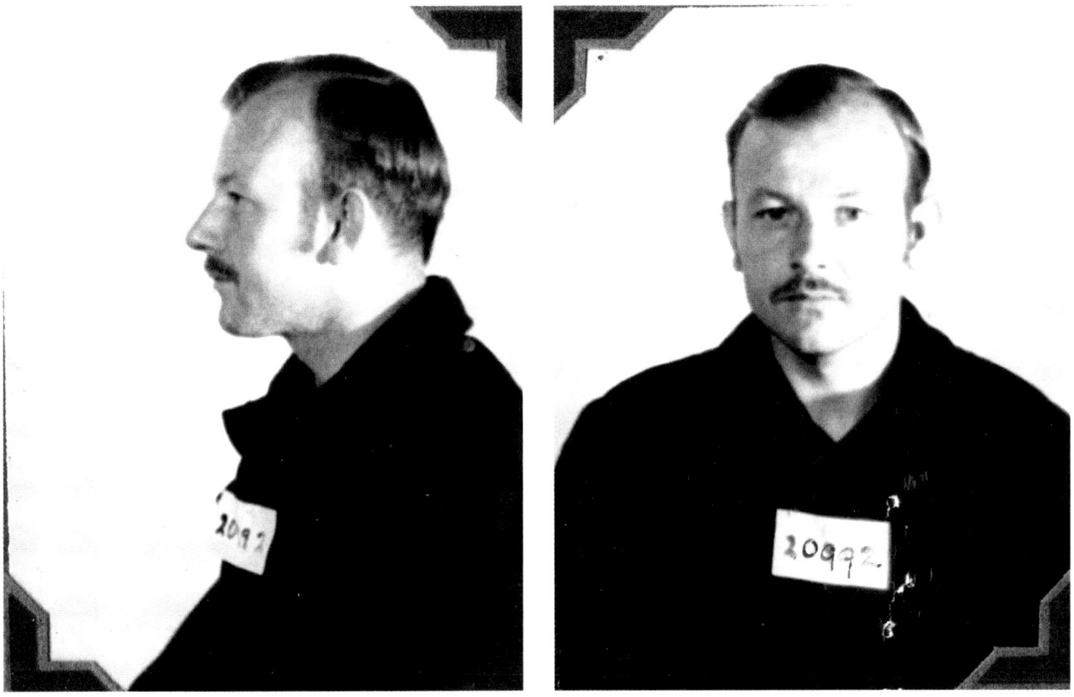

Photos signalétiques de Willi Brohm. Le tout jeune marin, presqu'un gamin, aperçu au début de cet album, est devenu maintenant, en ce printemps 1941, un homme... et un prisonnier sous le n° 0992. il ferait ainsi partie des mille premiers prisonniers répertoriés par les Britanniques. © Heimdal

de guerre allemands avaient été aussi établis dans l'Alberta, l'Ontario, le Québec et le New Brunswick.

Le Canada avait été rapidement choisi par la couronne britannique, pour héberger les prisonniers de guerre allemands. En effet, à l'été de 1940, après la rapide victoire du Reich sur la France, sa victoire finale semblait inéluctable et la proche invasion de l'Angleterre – *Operation Seelöwe* – était prise au sérieux dans les îles Britanniques. On envisageait alors « *une opération aéroportée allemande sur les premiers camps de prisonniers afin de les libérer et d'en constituer une force supplétive dans le cas d'une invasion* » [1]. C'est ainsi que les autorités britanniques expédient le plus possible de leurs prisonniers de guerre au Canada et dans d'autres nations du Commonweath. Les premiers effectifs seront renforcés par ceux capturés en Afrique du Nord puis en Italie. Mais lorsque Willi Brohm arrive avec ses camarades au camp 32, ils font partie des toutes premières vagues.

(1) Voir sur internet : *Daingescapes and Canadian hospitality : Inside Ontario's WWII prisoner of war camps.*

Cette vue panoramique – placée en deux morceaux sur une double page de « l'album Canada » – nous présente le *Monteith Pow Camp*, ce qui montre que Willi Brohm n'a pas gardé un si mauvais souvenir de ce camp. © Heimdal

178
107
Kriegsgefangene in Canada
104
Lager 132 Moteith 1942

178

Ces photos de prisonniers de guerre allemands, prises au Canada, au camp 132 Monteith, en 1942, sont tout à fait étonnantes. Les sous-mariniers — la plupart probablement de l'*U-110* — sont en tenues de sortie impeccables, avec leurs décorations et leurs emblèmes. Si nous ne le savions pas, on pourrait croire qu'elles ont été prises sur une base allemande. Nous savons que les Canadiens redoutaient les représailles contre leurs propres prisonniers et veillaient à leur comportement envers leurs prisonniers allemands. On peut supposer qu'ils aient réclamé à la Kriegsmarine les effets de ces sous-mariniers sortis de leur sous-marin en détresse en tenue de travail, ou pire... Notons aussi la présence de deux membres de la Luftwaffe. © Heimdal

Vue générale de la rue principale *(Lagerstrasse)* du *Monteith POW Camp* n° 23.

Mais aussi de très dures conditions...

Les photos laissées par Willi Brohm montrent un vaste camp — Monteith — où la captivité paraît normale, puis un camp de bucherons où les conditions de travail semblent celles d'un camp de bucherons canadiens comme un autre. Cependant, le témoignage d'Ernst Hanfstaengl nous montre une autre réalité. Dans ses mémoires, publiées en 1956, en anglais [1], il raconte qu'après avoir été attaché de la presse internationale auprès de Hitler, il devient dissident et quitte l'Allemagne pour la Suisse, en 1937, puis l'Angleterre où il est interné en septembre 1939, comme résident issu d'un pays ennemi. Bien que s'étant déclaré comme dissident, ennemi du régime nazi, il reste interné dans des conditions épouvantables à Clacton on Sea. Mais, après la bataille de Dunkerque et la menace de l'invasion de l'Angleterre par l'armée allemande, les captifs sont évacués par Liverpool sur deux navires en partance pour le Canada : le *Duchess of York* et l'*Arandora Star*. Il arrive alors au camp de *Red Rock*, près du lac Ontario où *« les conditions matérielles étaient déplorables. Bien que nous prissions grand soin de les entretenir jour et nuit, les rares poêles dont nous disposions ne suffisaient pas à nous protéger des rigueurs de l'hiver canadien. (...) On eut à déplorer de nombreux décès parmi les internés. En octobre 1941, il devint évident que nous ne passerions pas un second hiver à Red Rock. Nous fûmes donc transférés dans les casemates de Fort Henry près de Kingston »*. [2] Les conditions y seront à peine meilleures pour les 800 internés, dans des casemates sombres et humides. Hanfstaengl est finalement libéré le 30 juin 1942, en ayant proposé de fournir au président Roosevelt, qu'il connaissait depuis ses études à Harvard, des informations utiles à l'effort de guerre américain. Mais ce colosse de 1,98 mètre n'est plus que l'ombre de lui-même. Il ne pesait plus que soixante kilos et ses dents et ses ongles s'étaient déchaussés en raison du traitement régulier, pour raisons sanitaires, des casemates au chlorate de chaux.

Notons aussi qu'après le raid sur Dieppe, en 1942, Hitler aurait émis une note concernant le fait de mettre des menottes aux commandos prisonniers. En représailles, les Canadiens enchaîneront des prisonniers allemands, ce qui va susciter une révolte, qui sera réprimée mais ces mesures seront suspendues.

Ci-contre, les commandants allemands du camp *(die Lagerführung)*, qui sont, pour trois d'entre eux, en uniformes (Kriegsmarine et Luftwaffe), avec leurs emblèmes. © Heimdal

D'autres photos des pages de cet album montrent un ours apprivoisé (« Nelly ») au milieu du camp et une piste de Bobsleigh, du Hockey toutes choses qui surprennent les prisonniers allemands.

(1) Voir sur internet : *Daingescapes and Canadian hospitality : Inside Ontario's WWII prisoner of war camps.*

Nous voyons ci-dessus un élément de tenue pour prisonniers allemands tout à fait étonnant. Cet emblème, probablement pour tenue de sport, présente un aigle au-dessus d'un écu avec mention *Kriegsgefangenenlager* (camp de prisonniers de guerre) *22, Canada.* Il présente aussi un arc et trois flèches sur fond de fil de fer barbelé. © Heimdal

Ci-dessus des *Ob. Maate*, survivants de l'*U-Bootwaffe* et du cuirassé *Bismarck* sont rassemblés pour la photo souvenir devant un « *blockhaus* », chalet en rondins, qu'ils ont eux-mêmes édifié. Nous apercevons aussi les tenues canadiennes qu'ils portent maintenant. © Heimdal

Mais bientôt, en 1943, Willi Brohm est transféré à un camp de bucherons, comme nous le rappelle la planche ci-dessous.

Cette carte postale, éditée par les Canadiens, et plus précisément par l'organisation d'aide aux prisonniers de guerre, montre l'étonnement de deux trappeurs : *« Oh, les Allemands arrivent ! »* © Heimdal

Les conditions particulières de la captivité au Canada nous présentent de nouvelles cartes éditées par la fondation d'aide aux prisonniers Y.M.C.A. L'une d'elles montre des prisonniers de guerre allemands, en uniformes mais sans leurs insignes, déambulant à côté des barbelés et avec un mirador en arrière-plan, examinés par deux gardes, dont l'un à l'allure très circonspecte et très « british », avec son stick sous le bras. Une autre carte montre des prisonniers, pilotes de la Luftwaffe, faisant la queue pour le « rata » servi par un cuisinier ventripotent tandis que d'autres, désabusés, attendent leur tour. Enfin, lors d'un concert donné à l'attention de la troupe, un chef d'orchestre foudroie du regard un spectateur, probablement considéré comme un « béotien », un auditeur incapable d'apprécier la belle musique. Ces cartes, probablement achetées au foyer du camp, ont été collées par Willi Brohm dans son « album Canada ».
© Heimdal

Printed by War Prisoners' Aid

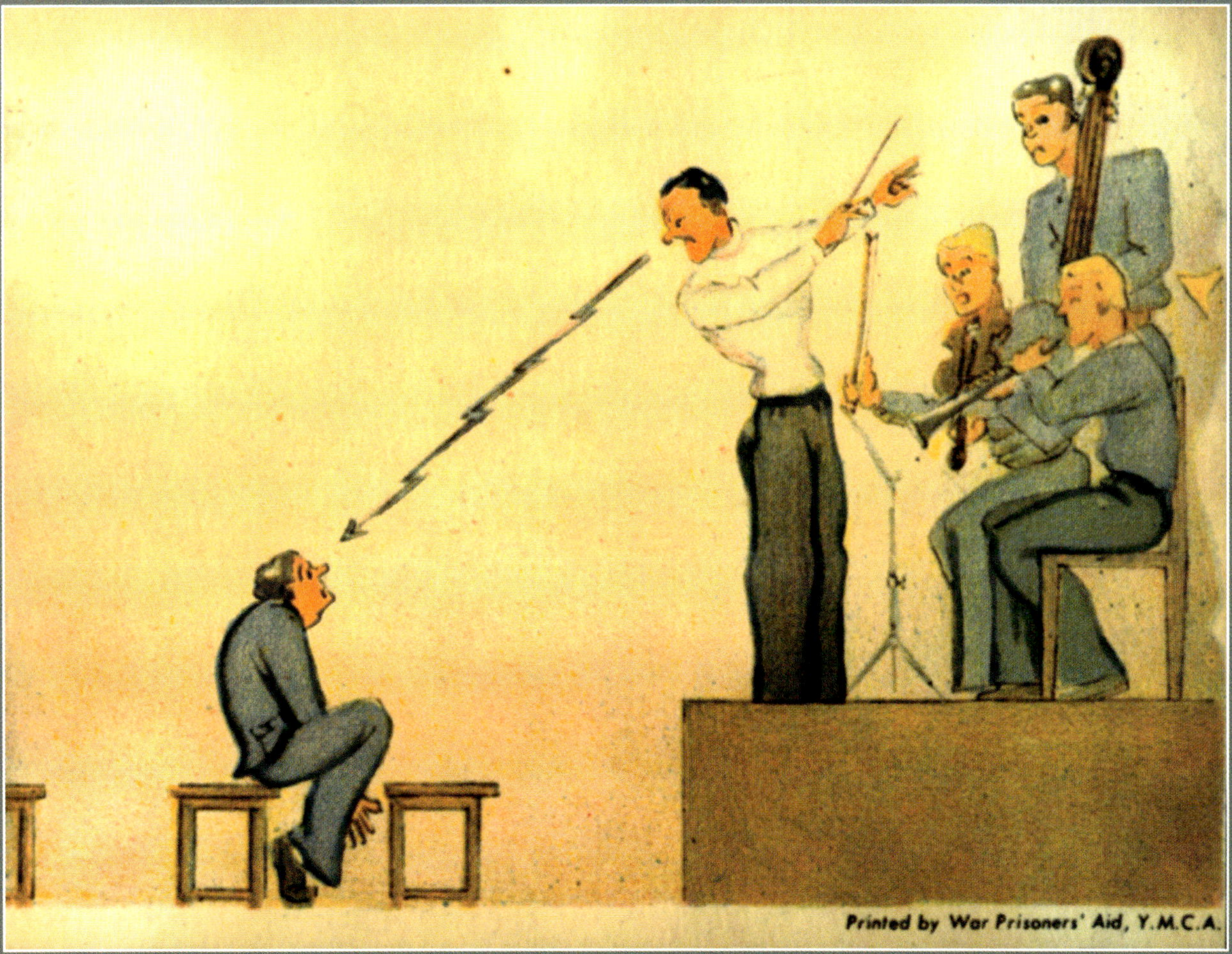
Printed by War Prisoners' Aid, Y.M.C.A.

Tous les prisonniers allemands constituant l'équipe de travail au camp de bucherons n° 19 sur le Nipgon, à proximité du lac Ontario. On notera un habillement avec des bérets, les faisant plus ressembler à des chasseurs alpins français qu'à d'anciens sous-mariniers ou à d'anciens pilotes de la Luftwaffe. Ils sont ici photographiés sur la rivière gelée. La carte humoristique ci-dessous évoque ce camp de bucherons. © Heimdal

Ci-dessus l'équipe de cuisiniers, dont Willi Brohm, qu'on retrouve ci-contre, cigare à la main (!) en compagnie d'un camarade et de « bons amis ». © Heimdal

Le *Leutnant* Werner est le chef allemand (*Lagerführer*) du camp de bucherons. Il porte ici, à gauche devant un bâtiment construit en rondins, son uniforme allemand avec tous ses insignes. Puis nous le voyons ci-dessus, avec à sa gauche l'officier canadien. Les hommes ci-dessous travaillent avec l'équipe administrative.

Ci-dessus l'équipe de cuisiniers, avec un cuisinier canadien et Willi Brohm à droite. Et ci-dessous des P.O. Ws allemands en tenues de bucherons. © Heimdal

Les prisonniers allemands convertis en bucherons s'entassent dans le réfectoire. On reconnait Willi Brohm près du chiffre « 2 ».

#2

L'un des camarades de captivité de Willi Brohm : Fritz Grasser, équipé pour les grands froids. © Heimdal

Les troncs abattus sont transportés sur des schlitts, ici sur la rivière gelée. © Heimdal

Mais quand les chevaux n'arrivent plus à tirer les charges, il faut faire appel à une chenillette. © Heimdal

Ils sont ici dans un abri au milieu du *« busch »* canadien par 42 ° en-dessous de zéro.

Toutes ces photos nous montrent le lieu de travail de ces bucherons lors de l'hiver 1944, par -40 ° à proximité de la frontière avec l'Alaska. Le bois amené par des *schlitts* est déchargé avec des grues, et chargé sur des camions. © Heimdal

Les camions sont chargés et la route gelée est dégagée avec des bulldozers puissants et des chasse-neige, appelés ici, en allemand *Schneepflug*, « charrue à neige » ! Ces engins sont alors novateurs pour les prisonniers allemands qui les découvrent. © Heimdal

Ci-dessus et à droite : Toujours disciplinés, les prisonniers allemands sont en tenue de sport et ont installé un terrain de football.

Ils sont aussi fascinés, à Orient Bay, dans l'Ontario, par un Indien Pied-noir en tenue traditionnelle.

L'*Ob. Maat* Höpner, rescapé du cuirassé Bismarck.

Alors que l'Allemagne est en train de perdre la guerre, ces hommes sont des marins survivants, de l'*U-Bootwaffe* et du cuirassé *Bismarck*, perdus au fond du Canada... © Heimdal

Ultime symbole, le premier bateau à voile que ces prisonniers, issus de la Kriegsmarine, ont réalisé pour voguer sur un lac canadien. Et cette ultime photo de notre témoin, prise en janvier 1946, au *Lager 41*, à Long Lake dans l'Ontario, au sein de la *Timber Company* est un dernier souvenir. Il est encore bucheron au Canada alors que l'Allemagne a capitulé depuis dix-neuf mois… © Heimdal

Achevé d'imprimer en juillet 2018
sur les presses de l'imprimerie Champagne (France) pour le compte des Éditions Heimdal.
Georges Bernage, éditeur.